casas

Cuatro casas

Cuatro casas

Cuatro casas

Cuatro casas

Cuatro casas

LA COCINA DE ABAC, ATEMPO, ANGLE Y TEN'S

Cuatro casas

JORDI CRUZ

Grijalbo

Cuatro

casas

Índice de recetas por restaurante

Angle

UNA COCINA QUE TRANSFORMA Y ACTUALIZA LA TRADICIÓN
HASTA LOGRAR ALGO SINGULAR Y ÚNICO

Introducción

La capacidad de un cocinero para desarrollar su propia cocina no depende únicamente de sus habilidades individuales, también necesita un equipo, medios, personas que disfruten de su trabajo, tanto materializándolo como consumiéndolo, y establecimientos para mostrar su obra. Llevo ya muchos años inaugurando espacios gastronómicos donde ofrecer mis creaciones y explorar nuevos caminos que redefinan los diferentes modelos de restauración y las variadas maneras de entender mi cocina y la gastronomía de nuestro tiempo.

La cocina está siempre en constante transformación. Se renueva cada vez que un cocinero reinterpreta sus conocimientos para lograr algo singular que le satisfaga y guste a cuantos más, mejor. Mis restaurantes no son fruto de la ambición. Quizá me metí un día en una rueda de ratones que no se detiene nunca, quién sabe, pero obtener la aprobación y merecer el orgullo de las personas que me acompañan y creen en mí son la verdadera fuerza que me empuja a crecer y expandirme más allá de mis propias ambiciones… Mis restaurantes son también el resultado de la investigación en la que mi equipo y yo nos embarcamos en cada receta, ya sea analizando la tradición, reinterpretando el clasicismo o buscando nuevas técnicas y platos que hoy se consideren vanguardistas y mañana, tradicionales.

El libro que tienes en tus manos explica con sencillez en qué consiste mi cocina a través de un buen puñado de recetas y de los diferentes espacios donde las servimos. En estas páginas encontrarás las técnicas, los conceptos y los platos más representativos llevados a cabo en los restaurantes ABaC, Angle, Atempo y Ten's entre los años 2019 y 2022. Desde las recetas que simbolizan nuestra vanguardia y que elaboramos en nuestro buque insignia, ABaC, reconocido con tres estrellas Michelin, al equilibrio entre tradición y modernidad del que fue mi primer local propio, Angle, que ya cuenta con dos estrellas Michelin, sin olvidar la visión renovada de la sala y la cocina clásica que proyectamos en Atempo, premiado con una estrella Michelin, y nuestra interpretación del mundo de las tapas en Ten's. Este es un primer catálogo de nuestras elaboraciones, no están todas, pero posiblemente sea la mejor manera de mostraros a los amantes de la buena mesa cómo y qué preparo junto a mi equipo en nuestras cuatro casas.

Jordi Cruz

abacbarcelona.com

Avenida Tibidabo, 1
08022 Barcelona

41°23'18.6

Cuatro

ABaC

UNA COCINA QUE ANALIZA TODO LO APRENDIDO
PARA PODER ANDAR NUEVOS CAMINOS

Aguas puras de manzana en tres formatos

EL DESTILADO DE RON, HIERBAS Y LIMA

750 ml de ron blanco
150 g de menta fresca
150 g de jarabe de azúcar invertido
el zumo y la ralladura de 2 limas
nitrógeno líquido

Ponemos en un mortero las hojas de menta con la cantidad suficiente de nitrógeno líquido para congelarlas rápidamente y, una vez congeladas, hacemos un polvo no muy fino con ellas con un mortero.

Introducimos todos los ingredientes en una destiladora tipo Girovap o Rotaval y los dejamos a 40 °C unas 8 horas hasta que se hayan extraído todo el alcohol y los aromas. Si no disponemos de estos aparatos, también podemos envasar los ingredientes al vacío e infusionarlos en frío unos días, hasta que el ron haya adquirido todos los aromas.

LAS AGUAS PURAS DE MANZANA Y HIERBAS

12 manzanas verdes Granny Smith
10 g de hojas de menta
4 g de hojas de albahaca
2 g de hojas de cilantro
el zumo y la ralladura de 2 limas

Limpiamos bien las manzanas y retiramos el corazón. Las cortamos *grosso modo* y las colocamos en un bol junto al resto de ingredientes. Licuamos todo el conjunto dentro de un recipiente para precipitar líquidos sin tocarlos para favorecer la decantación.

Lo dejamos reposar hasta que se separen las fases sólidas de las aguas vegetativas. Cuando las fases estén perfectamente separadas, abrimos el paso del líquido hasta llegar a la pulpa y cerramos el paso. Colamos por precaución el líquido resultante por una malla muy fina de lino para retirar posibles partículas e impurezas.

LOS DADOS DE MANZANA VERDE

1 manzana verde Granny Smith
100 ml de aguas puras de manzana
  (elaboración anterior)
20 ml de destilado de ron, hierbas y lima
  (elaboración anterior)

Pelamos la manzana y la cortamos en dados perfectos de 1,5 cm. Los envasamos al vacío con el resto de ingredientes y dejamos que se «impregnen» un mínimo de 4 horas en la nevera.

PARA TERMINAR EL CÓCTEL

100 ml de aguas puras de manzana
  (elaboración anterior)
20 ml de destilado de ron, hierbas y lima
  (elaboración anterior)
25 g de clara de huevo
30 g de hielo seco
flores de begonia

Mezclamos las aguas puras, el destilado de ron y la clara de huevo en una jarrita. Sacamos los dados de manzana de la bolsa de vacío, los escurrimos bien y los colocamos en el ala superior de un plato, 2 por persona. Terminamos los dados con una flor de begonia y, en un vasito para el servicio en sala, introducimos el hielo seco. El plato está terminado para salir a la sala.

FINALIZACIÓN DE ESTA PARTE DEL PLATO EN SALA

Sacamos el plato a sala, vertemos el contenido de la jarrita por encima del hielo seco y dejamos que se formen unas pompas de gran tamaño. Recomendamos al comensal que deguste primero el dado de manzana y seguidamente las pompas. Mientras disfruta de este primer cóctel, preparamos el siguiente paso delante del cliente.

LAS AGUAS PURAS DE MANZANA Y HIERBAS FRESCAS CON LIMA Y RON GASIFICADAS

12 manzanas Granny Smith
10 g de hojas de menta
4 g de hojas de albahaca
2 g de hojas de cilantro
el zumo y la ralladura de 2 limas
1 g de goma xantana por litro
150 g de ron blanco

Limpiamos bien las manzanas y retiramos el corazón. Las cortamos *grosso modo* y las colocamos en un bol con la menta, la albahaca, el cilantro y las limas. Licuamos todo el conjunto dentro de un recipiente para precipitar líquidos sin tocarlos para favorecer la decantación. Lo dejamos reposar hasta que se separen las fases sólidas de las aguas vegetativas. Por último, lo pasamos por una malla fina de lino para retirar posibles partículas.

Reservamos 1 l de esta agua al que añadimos 150 g de ron blanco y la xantana y, con la ayuda de un túrmix, mezclamos todo a velocidad baja, procurando no añadir aire. Cargamos un sifón de litro con una carga de gas y dejamos reposar en frío un mínimo de 2 horas. Reservamos el agua sobrante para los hielos del cóctel.

LOS HIELOS DE AGUA DE MANZANA Y HIERBAS

200 ml de aguas puras de manzana, hierbas y lima (elaboración anterior)
0,5 g de goma xantana
hojas de menta
nitrógeno líquido

Añadimos la xantana al agua de manzana con la ayuda de un túrmix trabajando a velocidad baja, procurando no introducir aire en la mezcla.

Congelamos las hojas de menta en un mortero con nitrógeno hasta que estén picadas finas, pero no en polvo, y las añadimos a la base de agua de manzana texturizada. Congelamos la base en un molde para hielos cuadrados.

MONTAJE

Colocamos 3 hielos de manzana y hierbas en un vaso «On the rocks», que llenamos hasta la mitad con el sifón de aguas puras delante del cliente.

La gilda de mar

EL POLVO DE ACEITUNA Y PLANCTON

1 kg de aceitunas rellenas de anchoas escurridas
10 g de plancton en polvo por 400 ml de agua
 de aceitunas
goma xantana

Introducimos las aceitunas en un robot de cocina y trituramos. Lo pasamos todo por un superbag y, por cada 400 ml de líquido obtenido, añadimos 0,5 g de xantana y 10 g de plancton. Trituramos de nuevo, procurando no añadir demasiado aire a la mezcla, hasta obtener una crema suave, lisa y sin grumos. Pasamos la crema de nuevo por un colador fino y la reservamos en la nevera.

LA MANTEQUILLA DE COLATURA

1 kg de mantequilla
250 g de colatura de anchoa
10 g de glicerina
5 g de sucroéster

Dejamos la mantequilla a temperatura ambiente hasta que esté blanda. La introducimos en un robot montador con varillas, calentamos ligeramente la colatura y añadimos la glicerina y el sucroéster hasta que se disuelva bien. Agregamos poco a poco la mezcla, trabajando a velocidad media, hasta conseguir una mantequilla montada bien ligada y homogénea. Reservamos la mantequilla a temperatura ambiente (fresca) dentro de una manga con una boquilla lisa de 3 mm.

UVA DE MAR HIDRATADA

uva de mar en salmuera (*caulerpa lentillifera*)
agua de encurtir piparras

Presentamos delante del cliente un matraz de cristal pequeño con brotes de 4 a 5 cm de uva de mar sin hidratar. Cubrimos los brotes con líquido de encurtir piparras muy frío hasta que la uva de mar se embeba del líquido y se llenen como si de pequeñas uvas se tratara. Cuando estén bien hinchadas, las utilizamos para terminar la receta delante del cliente.

OTROS

flores o brotes de ficoide glacial
nitrógeno líquido

MONTAJE

Introducimos la base de aceituna y plancton en un criobol y trabajamos con una varilla y nitrógeno hasta obtener un polvo fino congelado. En la base del plato disponemos una buena cucharada de polvo de aceitunas, encima ponemos dos puntos de mantequilla de colatura y unas flores de ficoide glacial. Terminamos el plato delante del cliente colocando una rama de uva de mar hidratada en el centro del plato.

Crujiente de tupinambo con espuma de parmesano y tupinambo, chip de hoja de apio y polvo de albahaca liofilizada

EL TUPINAMBO

1 kg de tupinambo
aceite de oliva, sal y pimienta

Lavamos bien el tupinambo y lo escurrimos. Lo envolvemos con papel de aluminio bien aliñado con sal, pimienta negra y un poco de aceite de oliva. Lo introducimos en el horno a 175°C durante 40 o 45 minutos. Una vez cocido, lo dejamos atemperar. Después, lo cortamos en cuartos. Apretamos ligeramente para retirar la piel. Reservamos la carne y la piel del tupinambo para las siguientes elaboraciones.

LA ESPUMA DE PARMESANO Y TUPINAMBO

500 g de queso parmesano rallado
800 ml de leche
300 g de carne de tupinambo
proespuma u 8 g de hojas de gelatina por litro
  de base

Calentamos la leche junto al parmesano. Cuando hierva, la sacamos del fuego, tapamos con film transparente y dejamos que infusione 20 minutos. Trituramos la carne del tupinambo con la mezcla de parmesano y leche hasta obtener una crema fina. Colamos la crema y le añadimos 80 g de proespuma por litro. Llenamos un sifón con 2 cargas de gas y lo reservamos en la nevera al menos 2 horas.

EL CRUJIENTE DE TUPI

piel de tupi (elaboración anterior)
aceite para fritura
sal

Quitamos la carne superficial que pueda contener la piel, de modo que nos quede una película fina, y la ponemos a secar en una deshidratadora durante 12 horas a 60 °C. Una vez seca, la reservamos en un recipiente hermético. Para terminar la receta, freímos las pieles a unos 170 °C o 180 °C hasta que estén bien doradas y ligeramente sufladas. Retiramos el exceso de aceite con la ayuda de papel absorbente y añadimos un poco de sal.

LA CHIP DE HOJA DE APIO

hojas de apio
aceite
sal

Seleccionamos unas hojas de apio tiernas de tamaño medio. Las limpiamos bien y las secamos con delicadeza. Las aliñamos con sal y muy poco aceite. Las disponemos bien estiradas en una bandeja de horno y las horneamos 10 minutos a 150 °C sin ventilación. Transcurrido este tiempo, damos la vuelta a cada una de las hojas y las horneamos 10 minutos más. Las retiramos y reservamos en un recipiente hermético en un lugar fresco y seco.

EL POLVO DE ALBAHACA

hojas de albahaca
nitrógeno líquido

Congelamos la albahaca con el nitrógeno líquido
para conseguir una congelación rápida. En cuanto
se evapore el nitrógeno, introducimos la albahaca
en una máquina liofilizadora. Una vez liofilizada, hacemos un polvo fino de albahaca con la ayuda de
un mortero para hierbas.

MONTAJE

Cogemos la piel del tupi y le ponemos un poco de
espuma de parmesano y tupinambo. Colocamos
encima un par de hojas de apio y espolvoreamos el
polvo de albahaca. Servimos rápidamente para no
humedecer las partes crocantes de la elaboración.

Aguas de gazpacho con pequeños tomates pasificados, salmorejo, sardina ahumada, gotas de pan y espuma de tomate especiado

LAS GOTAS DE PAN

400 ml de agua
400 g de harina panificable
160 g de trisol (fibra de trigo)
12 g de levadura de panadería
20 g de sal
6 g de azúcar

Batimos los ingredientes en un robot de cocina. Después, colamos la mezcla y la introducimos en un biberón para salsas. Encima de una bandeja con un tapete de silicona vamos haciendo gotas de 3 mm. Cocemos a 185 °C unos 8 minutos. Dejamos enfriar las gotas y las reservamos en un recipiente hermético.

EL AGUA DE GAZPACHO

2 kg de tomates cherry
400 g de pimiento rojo
400 g de pepino
1 diente de ajo
100 g de cebolla tierna
35 g de sal
50 ml de vinagre de Jerez
50 ml de vinagre de manzana

Trituramos ligeramente todos los ingredientes en un robot de cocina y colamos la mezcla por una malla de filtración, recuperando el agua filtrada hasta que esta salga limpia. Sacamos el aire del agua de gazpacho con la ayuda de una máquina de vacío, rectificamos de sal y reservamos en la nevera.

EL TOMATE PASIFICADO

tomates cherry Divino
aceite de oliva
sal
pimienta negra molida
azúcar

Ponemos agua a hervir para escaldar los tomates. Los enfriamos inmediatamente para que no se pasen de cocción y poder pelarlos. Una vez pelados, los aliñamos con aceite de oliva, sal, pimienta negra y azúcar. La cantidad de aliño será la misma que la de una ensalada convencional más un poco de azúcar. Mezclamos, con mucho cuidado de que no se rompan los tomates. A continuación, los disponemos en bandejas separados entre sí y los cocemos en el horno a 115 °C durante 1 hora y 15 minutos con un 15 % de humedad. Los dejamos enfriar y reservamos en la nevera.

EL SALMOREJO

½ diente de ajo
50 g de pimiento verde
10 tomates maduros
250 g de pan blanco
100 ml de aceite de oliva
vinagre de Jerez
sal

Ponemos todos los ingredientes, menos el aceite, en el vaso de un robot, que previamente habremos enfriado con hielo, y trituramos a velocidad alta. Mientras trituramos, vamos añadiendo el aceite de oliva a hilo. Rectificamos de sal y reservamos el salmorejo en la nevera.

LA ESPUMA DE TOMATE

600 g de tomate cherry Divino
15 g de base para kimchi
1 g de orégano
40 g de soja
40 g de espuma o 5 g de hojas de gelatina
3 g de hojas de albahaca
10 g de sal
3 g de curry rojo en pasta
pimienta negra
azúcar
aceite de oliva

Ponemos agua a hervir y escaldamos los tomates, enfriándolos inmediatamente para que no se pasen de cocción y poder pelarlos. Una vez pelados, los aliñamos con aceite de oliva, sal, pimienta negra y azúcar, los mezclamos, con mucho cuidado de que no se rompan, los ponemos en bandejas separados entre ellos y los cocemos en el horno a 115 °C con un 15 % de humedad durante 1 hora y 15 minutos. Trituramos 500 g de los tomates ya desecados con el resto de ingredientes, menos la proespuma, hasta conseguir una crema fina. Añadimos entonces la proespuma y volvemos a triturar. Pasamos toda la mezcla a un sifón con 2 cargas y lo guardamos en la nevera un mínimo de 2 horas.

OTROS

sardinas ahumadas de calidad conservadas
  en aceite
brotes de albahaca

MONTAJE

En el centro del plato ponemos una cucharada de
salmorejo, a los lados 3 tomates pasificados, encima de ellos 3 gotas de pan y 3 trozos de sardina
ahumada. Vertemos alrededor el agua de gazpacho
y en el centro colocamos una pequeña cantidad de
espuma de tomate especiada. Terminamos con
unas gotas de aceite y unas hojas de germinado
de albahaca.

Tomate de colgar pasificado con pan de hierbas y pecorino romano

PARA LA SALSA DE TOMATE

120 g de salsa jang
1 l de agua
60 g de tomate seco
6 g de citronela
0,5 g de orégano
1 punta de chile chipotle
1 punta de chalota negra
1 g de goma xantana por cada 100 g

Mezclamos el agua y la salsa jang y pasamos 200 ml de esa mezcla a una bolsa de vacío. Picamos el resto de ingredientes y los añadimos a la bolsa. Agregamos el chile y la chalota negra, y envasamos al vacío al 100 %. Cocemos en el horno a vapor a 88 °C durante 1 hora y 15 minutos. Colamos, añadimos la xantana. Trituramos y reservamos.

PARA EL TOMATE DE COLGAR PASIFICADO

10 tomates de colgar
aceite de oliva
sal
miel
pimienta negra

Escaldamos el tomate unos 10 o 12 segundos y lo enfriamos rápidamente en agua y hielo. Lo pelamos. Lo aliñamos con el resto de ingredientes, con cuidado de no utilizar mucha miel para que no quede muy dulce. Estiramos boca abajo en bandejas y cocemos en el horno a 115 °C durante 1 hora y 15 minutos. Lo enfriamos a temperatura ambiente y reservamos en la nevera.

PARA EL PECORINO ROMANO

1 kg de parmesano picado
1 l de agua mineral
8 g de ultratex por cada 100 g

Ponemos a calentar el agua. Cuando arranque a hervir, añadimos el queso y lo dejamos a fuego lento unos 3 minutos, sin dejar de remover. Tapamos con film transparente para que infusione unos 20 minutos. Colamos por superbag, apretando bien para sacar toda la grasa. A continuación, lo pasamos por la Thermomix® junto con el ultratex hasta obtener una crema.

PARA LA MIGA DE PAN A LA MANTEQUILLA

600 g de pan triturado
500 g de mantequilla

Derretimos la mantequilla al fuego. Una vez derretida, añadimos el pan y no dejamos de remover hasta que el pan adquiera un color dorado. Luego, lo colamos rápidamente y dejamos reposar en papel absorbente durante una hora. Transcurrido este tiempo, lo guardamos en un táper.

PARA EL PAN DE HIERBAS

400 g de harina
400 ml de agua
4 g de azúcar
160 g de trisol (fibra de trigo)
12 g de levadura fresca
20 g de sal
100 g de albahaca escaldada

Disponemos todos los ingredientes en la Thermo-mix® y trituramos hasta obtener una masa homogénea. Pasamos la masa a un biberón. Con la ayuda del plato giratorio y papel sulfurizado, dibujamos espirales con forma de hoja y las cocemos en el horno a 180 °C unos 10 minutos, hasta que estén doradas y crujientes. Reservamos en un táper.

OTROS

mizuna
albahaca basil cress
mostaza rizada

MONTAJE DEL PLATO

En un plato transparente ponemos una cucharada de pecorino, un poco de miga de pan y, encima, el tomate pasificado. Napamos el tomate con la salsa de tomate seco y colocamos un crujiente de albahaca sobre el tomate. Para terminar, decoramos el crujiente con las hojas.

Ostra escabechada a la sal con kombucha de manzana y setas

EL CALDO DE POLLO

2 pollos enteros
2 cebollas de Figueres
2 dientes de ajo
1 zanahoria
1 puerro
3 tomates
200 ml de vino blanco
5 l de agua fría

Limpiamos los pollos separando por una parte las carcasas, por otra las pechugas y, por último, los muslos y alitas. Las carcasas las ponemos en el horno a 190 °C unos 30 minutos. En una sartén marcamos las pechugas y los muslos, hasta que queden bien dorados y tostados. Los retiramos y reservamos. En esa misma sartén doramos todas las verduras cortadas en trozos regulares de 1 cm. Primero incorporamos los ajos, luego la cebolla, hasta que tenga bastante color, y después la zanahoria y el puerro. Es importante que la cebolla adquiera muy buen color, ya que en gran medida será el ingrediente que aportará color al caldo. Añadimos el tomate y un buen chorro de vino blanco. Cuando el vino se haya reducido, agregamos las carcasas, los muslos y las pechugas. Añadimos el agua fría y lo ponemos a hervir a fuego mínimo durante 2 horas. Colamos el caldo y lo dejamos enfriar en la nevera para que la grasa se separe. Retiramos la grasa y pasamos el caldo por una malla de lino. Reservamos.

EL CRIO DE CEPS

3 l de caldo de pollo (elaboración anterior)
200 g de cebolla de Figueres
200 g de mantequilla
200 ml de nata fresca
800 g de setas (*boletus edulis*)
100 ml de salsa de soja

Escaldamos las setas y las enfriamos con agua y hielo. Escurrimos y las cortamos en dados. Picamos la cebolla fina y, junto con las setas, la asamos con un poco de mantequilla en una sartén a fuego medio hasta que el conjunto tome un bonito color tostado.

En una olla, juntamos todos los ingredientes, menos la mantequilla restante y la nata, y dejamos hervir a fuego suave 6 o 7 minutos. Después, añadimos la mantequilla y la mezclamos con una varilla hasta que se funda. Incorporamos la nata y dejamos hervir 5 minutos más. Trituramos ligeramente con la ayuda de un robot hasta formar una crema, que ponemos a enfriar en la nevera. Una vez que haya enfriado, la envasamos en bolsas grandes de vacío y congelamos formando placas de 2 cm. Para obtener el caldo transparente, colocamos esa placa encima de una malla fina, esta sobre una fuente de acero con agujeros y, debajo de esta, una fuente ciega para recoger el caldo traslúcido. Dejamos que se descongele a temperatura ambiente o en la nevera, tapando la fuente con film trasparente de cocina. Terminado el filtrado, reservamos.

ostras
hoja de ostra
brotes de acedera
manzana Pink Lady
aceite de oliva arbequina

LA SAL VIVA

2 kg de sal viva
2 l de agua

Ponemos el agua a calentar. Cuando arranque a hervir, echamos la sal viva y dejamos que hierva hasta que alcance una temperatura de 116 °C. Entonces, apagamos el fuego y repartimos el agua en botellas de servicio. Dejamos enfriar en la nevera hasta que alcance los 17 °C.

MONTAJE

Ponemos a calentar 100 g del crio de setas y lo mezclamos con 15 ml de kombucha. Abrimos las ostras y limpiamos las impurezas. Volvemos a colocarlas en sus conchas y las presentamos al comensal. Cubrimos las ostras delante del comensal con la sal viva hasta que empiece a solidificarse. Lo dejamos unos 3 o 4 min. Esta costra tendrá el aspecto de la propia concha, calentará suavemente la ostra y le dará un toque de acidez como si de un escabeche se tratara. Quitamos la sal viva y colocamos la ostra limpia encima de la manzana cortada en brunoise. Cubrimos con el crio de setas y terminamos con un brote de acedera, una hoja de ostra y un chorrito de aceite de oliva.

LA KOMBUCHA

1 l de licuado de manzana Granny Smith
1 hongo de kombucha (coby) de 5 cm

Mezclamos los ingredientes y los reservamos a temperatura ambiente durante más o menos 1 semana para que fermenten y se forme la kombucha. Colamos y la ponemos en un bote hermético para crear CO_2.

Risotto de cebolla con huevo de pollita y pan de queso

LA AMALGAMA DE QUESO

1 kg de parmesano rallado
1 l de agua mineral
8 g de ultratex por cada 100 ml de base

Ponemos el agua a calentar. Cuando arranque a hervir, añadimos el queso y dejamos que hierva a fuego lento unos 3 minutos sin dejar de remover. Retiramos del fuego y lo tapamos con papel transparente de cocina para que infusione unos 20 minutos. Una vez infusionado, pasamos la mezcla primero por un colador y luego por una malla fina de lino. Después, la pesamos y, por cada 100 ml de suero de parmesano, agregamos 8 g de ultratex. A continuación, lo trituramos con la ayuda de un robot de cocina hasta que adquiera la textura de una crema muy densa. Reservamos.

EL ARROZ DE CEBOLLA

300 g de cebolla
50 g de mantequilla
sal fina

Cortamos la cebolla del tamaño de un grano de arroz. La envasamos al vacío con la sal y la mantequilla. La cocemos al horno a vapor a 90 °C durante 15 minutos, el tiempo justo para que adquiera la textura del grano de arroz cocido. Dependiendo del tipo de horno o si utilizamos un baño de agua caliente, ajustamos los tiempos de cocción hasta lograr esta textura.

EL AGUA DE CEBOLLA

cebolla de Figueres
azúcar
sal
1 g de goma xantana por litro

Pelamos y cortamos la cebolla en cuartos hasta llenar la fuente de horno con una sola capa de cebolla, sin apilarla. Aliñamos con un poco de sal y azúcar y lo tapamos bien con film transparente de cocina para evitar que se escape la humedad dentro de la fuente. Cocemos en el horno durante 5 horas a 115 °C. Terminada la cocción, colamos y apretamos bien para que suelte toda el agua. Por cada litro de agua añadimos 1 g de xantana y lo mezclamos con la ayuda de un robot. Luego, colamos el agua y la reducimos a fuego medio en una cazuela hasta que tenga textura de jarabe. Reservamos.

LOS HUEVOS DE POLLITA

24 huevos de pollita

Cocemos los huevos en un baño de agua a una temperatura controlada de 62,5 °C durante 40 minutos. Sacamos los huevos y los dejamos enfriar a temperatura ambiente. Antes de servir el plato, los regeneramos en un baño de agua a 60 °C de 5 a 10 minutos, hasta que estén calientes. Los sacamos del agua, los abrimos con mucho cuidado y, con la ayuda de una espumadera, separamos las partes mal cuajadas. Emplatamos sin demora.

EL PAN DE QUESO TRUFADO

300 g de harina floja
300 g de harina fuerte
40 g de manteca de cerdo
115 ml de leche
200 ml de agua mineral
10 g de sal
35 g de azúcar
23 g de levadura fresca de panadería
15 ml de aceite de girasol
6 g de levadura en polvo
queso brie trufado de mucha calidad

En un robot de pastelería con pala mezclamos las dos harinas y la manteca de cerdo. En un cazo aparte calentamos la leche, el agua, la sal y el azúcar hasta los 36 °C. Añadimos la levadura fresca y batimos con varilla. Pasamos la mezcla al robot con las harinas y la trabajamos a velocidad mínima hasta formar una masa lisa. Untamos un bol grande con aceite de girasol y ponemos dentro la masa, tapamos con film y dejamos fermentar a 28 °C durante 1 hora. Sacamos la masa del bol y formamos bolas de 15 a 20 g. En el centro colocamos una bola de brie trufado de 5 a 7 g y volvemos a formar la bola. Las disponemos en bandejas con papel sulfurizado, tapamos con film transparente de cocina y cocemos en el horno a 92 °C unos 12 minutos. Sacamos del horno, retiramos el film transparente y dejamos que las bolas se enfríen a temperatura ambiente. Las reservamos en un recipiente hermético. Justo antes de servir, las freímos en abundante aceite a 180 °C hasta que estén bien doradas y el queso del interior, fundente. Las pasamos a una fuente y retiramos el exceso de aceite de la fritura con papel absorbente. Servimos rápidamente.

LA MIGA DE PAN

300 g de miga de pan blanco precocido
  y congelado
200 g de mantequilla

Pasamos la miga de pan casi descongelada por un robot de cocina hasta formar una miga de pan pequeña y regular. Derretimos la mantequilla al fuego. Una vez derretida, añadimos el pan triturado y, sin dejar de remover, vamos dejando que el pan coja color dorado. Cuando todo el pan esté dorado y desprenda un rico aroma a bollería tostada, colamos rápidamente. Lo dejamos una hora en papel absorbente para que enfríe y extraiga toda la grasa sobrante. Después lo guardamos en un recipiente hermético.

EL PAPEL DE CEBOLLA

400 ml de licuado de cebolla de Figueres
  (elaboración anterior)
400 g de harina
160 g de trisol (fibra de trigo)
20 g de sal
4 g de azúcar
12 g de levadura fresca
colorante rubí

En un robot de cocina trituramos todos los ingredientes, menos el colorante. Una vez triturados, añadimos el colorante hasta que la mezcla resultante adquiera un color a piel de cebolla. Extendemos la masa en bandejas cubiertas con un tapete de silicona bien fino. La cocemos en el horno a 180 °C unos 8 minutos. La dejamos enfriar a temperatura ambiente, la guardamos en un recipiente hermético y la conservamos en un lugar fresco y seco.

LA CRESTA DE GALLO

12 crestas de gallo limpias y desangradas
50 ml aceite de oliva
Sal y pimienta negra

Envasamos las crestas (una al lado de otra) y el resto de ingredientes al vacío y las ponemos a cocer a 90 °C durante 12 horas. Transcurrido este tiempo, las enfriamos en agua y hielo y reservamos en la nevera.

OTROS

nueces
brotes de cebolla

MONTAJE

En un plato de cebolla ponemos 2 o 3 trozos de nueces y una cucharada de miga de pan. Con el arroz de cebolla, la amalgama de parmesano y unos dados de crestas de gallo atemperados en un cazo a fuego medio hacemos un risotto, lo rectificamos bien y ponemos una buena cucharada encima de las nueces y la miga de pan. Añadimos un huevo y lo cubrimos todo con la salsa de cebolla reducida y un brote de cebolla. Al lado colocamos un pan de queso trufado frito y un trozo de papel de cebolla.

Ramen de espardeña con consomé de pequeños shiitakes

EL CRIO FILTRADO DE SHIITAKE

1 kg de setas shiitake (*lentinula edodes*)
250 g de cebolla de Figueres
250 ml de nata fresca
250 g de mantequilla
125 ml de salsa de soja
3 l de agua mineral
1 raíz de citronela por cada 100 ml de caldo

Picamos finamente la cebolla y la pochamos en una olla. Añadimos el shiitake previamente cortado en láminas de 3 mm y dejamos dorar todo a fuego medio hasta que el conjunto tome un bonito color tostado. Agregamos la mezcla de agua y soja y dejamos que hierva 5 minutos. Incorporamos la mantequilla y mezclamos con una varilla para que se funda. Añadimos la nata y dejamos que hierva 5 minutos más. Trituramos ligeramente con la ayuda de un robot hasta formar una crema. Enfriamos la crema en la nevera. Una vez fría, la envasamos en bolsas grandes de vacío y congelamos formando placas de 2 cm. Para obtener el caldo transparente, colocamos esa placa encima de una malla fina, esta sobre una fuente de acero con agujeros y debajo de esta una fuente ciega para recoger el caldo traslucido. Dejamos que se descongele a temperatura ambiente o en la nevera, tapando la fuente con film trasparente de cocina. Terminado el filtrado, reservamos. Justo antes de servir el plato, calentamos hasta el punto de ebullición y añadimos una raíz de citronela bien picada por cada 100 ml. Dejamos que infusione fuera del fuego. Para terminar el plato, filtramos con un colador, calentamos de nuevo, rectificamos de sal si fuera necesario y servimos sin demora.

LA CARRILLERA DE COCHINILLO

carrilleras (½ por persona)
salsa de base para kimchi
sal
pimienta

Limpiamos las carrilleras y las envasamos al vacío con un poco de base para kimchi, 1 cucharadita por cada carrillera. Las cocemos a 64 °C durante 24 horas. Terminada la cocción, enfriamos las carrilleras con agua y hielo y las reservamos en la nevera. Antes de servir el plato, las sacamos de la bolsa y, en una sartén a fuego medio con un chorrito de aceite, las doramos por el lado de la piel. Colocamos encima de las carrilleras un cazo o algo similar para dar peso a la pieza y dorar toda la piel a la vez. Cuando la piel se haya dorado y la carne esté caliente, las cortamos en láminas de 3 mm.

LOS HUEVOS DE CODORNIZ

huevos de codorniz (1 por comensal)

Cocemos los huevos en un baño de agua a una temperatura controlada de 62,5 °C durante 15 minutos. Los sacamos y dejamos enfriar a temperatura ambiente. Antes de servir el plato, los regeneramos unos 5 minutos en el baño de agua a 60 °C hasta que estén calientes. Los sacamos del agua, con mucho cuidado los abrimos y, con la ayuda de una espumadera, separamos las partes mal cuajadas. Emplatamos sin demora.

LA ESPARDEÑA

5 unidades de espardeña o cohombro de mar

En la piel superficial de la espardeña hacemos un corte y, con la ayuda de un cuchillo afilado, quitamos la piel. Cortamos la espardeña en tiras como si de unos fideos se tratase y las reservamos. Ponemos la piel a secar en una deshidratadora a 50 °C un mínimo de 12 horas y la reservamos hasta el momento del servicio.

EL POLVO DE KIMCHI

base para kimchi

Extendemos la salsa de kimchi en un tapete de silicona dándole un grosor de 1 a 2 mm y la ponemos a secar en la deshidratadora a 55 °C de 12 a 24 horas. Una vez seca, la picamos en un mortero o molinillo eléctrico de café hasta obtener un polvo. Reservamos el polvo de kimchi en un recipiente hermético.

ramallo de mar
brotes de puerro
cebolleta china

MONTAJE

Freímos la piel de espardeña en abundante aceite
a 180 °C y la reservamos en papel absorbente. En
un plato hondo pequeño ponemos la espardeña
cortada a modo de fideos y atemperada con cierto
volumen; en el centro colocamos un huevo de codorniz y, al lado, tres o cuatro tiras de carrillera de
cochinillo asada. Calentamos el consomé filtrado de
shiitakes con un poco de citronela para infusionar.
Una vez infusionado, lo colamos y lo añadimos en el
plato. Terminamos con una juliana fina de cebolleta
china, brotes de ramallo y de puerro. Junto a plato,
servimos la piel de espardeña frita y espolvoreada
con el polvo de kimchi por encima.

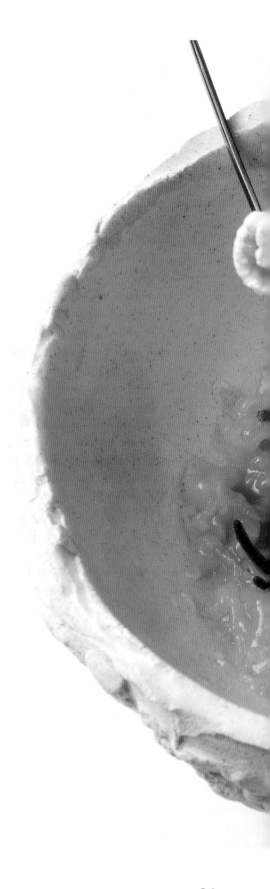

Gamba roja curada con texturas de picada, jugo de *suquet* de avellanas guisadas y pan de romesco a la brasa

LAS GAMBAS CURADAS

1 gamba roja del Mediterráneo de buen tamaño
  por persona
sal marina

Retiramos las barbas de la gamba y la cubrimos con sal gorda unas 2 o 3 horas. Esta operación la realizamos delante del comensal, descubriendo la gamba justo antes de terminar el plato. Antes del servicio, una vez retirada la gamba de la sal, pelamos la parte de la cola y la marcamos unos segundos a la parrilla por la parte de la cabeza y 3 o 4 más por la cola. La intención de este marcado no es cocer la gamba, sino cambiar su color de forma externa, añadir un matiz de parrilla y calentarla. Servimos rápidamente.

LA AVELLANA GUISADA COMO GARBANZOS

1 kg de avellana cruda con piel
sal

En una olla a presión introducimos las avellanas, las cubrimos con agua y un poco de sal y dejamos que cuezan durante 1 hora y 15 minutos a partir de que empiecen a hervir. Transcurrido el tiempo, abrimos la olla cuando pierda la presión y sacamos las avellanas. Las dejamos atemperar, las pelamos y reservamos en la nevera.

LA SALSA DE FIDEUÁ

5 kg de pescado de roca
3 kg de gamba alistada
8 cebollas medianas
3 zanahorias
6 tomates maduros
1 pimiento rojo
1 cabeza de ajos
1 puerro
vino blanco
la parte verde de 1 puerro
1 pimiento verde
goma xantana

En una olla con el aceite muy caliente, marcamos las gambas descongeladas y las retiramos. En esa misma olla añadimos los ajos para que se marquen bien. Agregamos la cebolla y dejamos que adquiera un color tostado (no quemado). Incorporamos la zanahoria y lo dejamos unos 15 minutos a fuego muy suave. Añadimos el puerro y el tomate y lo salteamos todo unos 5 minutos a fuego fuerte, sin dejar de remover para que todos los elementos tengan el mismo color. Añadimos el vino blanco y, cuando se evapore el alcohol, las gambas. Cubrimos con agua bien fría, el hielo y la parte verde del puerro. Cuando arranque a hervir, lo bajamos a fuego mínimo por 30 minutos. Después, apagamos y dejamos 15 minutos de reposo. Colamos y pasamos por un superbag. Por cada litro de mezcla añadimos 0,5 g de xantana y dejamos reducir. Cuando empiece a espesar, añadimos la mantequilla y ligamos hasta obtener la textura de una salsa. En el momento del servicio, infusionamos la salsa con pimiento rojo y verde.

LA TRIPA DE BACALAO

tripa de bacalao (20 g por ración)

Desalamos la tripa de bacalao y la escaldamos unos segundos en agua hirviendo.

Le quitamos la piel y cortamos en trozos de 2 x 2 cm. La reservamos.

EL AGUA DE KOMBU

500 ml de agua mineral
10 g de alga kombu deshidratada

Ponemos el agua a hervir. Cuando hierva, introducimos el alga deshidratada, apartamos del fuego y dejamos que infusione de 20 a 30 minutos. Después, la colamos y la reservamos.

LA SALSA DE PEREJIL

200 g de perejil (solo la hoja)
500 ml de agua de kombu (elaboración anterior)
500 ml de agua mineral
sal
1 g de goma xantana

Escaldamos las hojas de perejil en agua hirviendo de 5 a 10 segundos y las enfriamos rápidamente en agua con hielo. Escurrimos bien 200 g de hojas escaldadas y, con un brazo eléctrico, las trituramos con los 500 ml de agua de kombu y un poco de sal, hasta que quede todo bien fino. Pasamos la mezcla resultante por un colador, añadimos la xantana y volvemos a triturar a velocidad mínima, procurando que no entre aire. A continuación, la pasamos por el colador o una malla fina de lino. Reservamos en un biberón para salsas y lo guardamos.

EL PRALINÉ DE ALMENDRA

1 kg de almendra larga cruda pelada
150 ml de aceite de girasol
50 ml de aceite de almendra tostada
sal

Freímos las almendras con el aceite de girasol, sin parar de remover para que el dorado sea homogéneo. Una vez frita, las sacamos y escurrimos el aceite de la fritura. Introducimos las almendras fritas en un robot de cocina con el aceite de almendras y trituramos hasta conseguir un praliné denso y cremoso. Añadimos un poco de sal y lo guardamos en un biberón para salsas.

EL PURÉ DE AJO

8 cabezas de ajos morados
100 g de mantequilla
80/100 ml de consomé de ave
sal

Quitamos la primera capa de piel de las cabezas de ajo y hacemos un corte en la parte superior, a un centímetro desde la parte más alta. Colocamos los ajos en una fuente de asar con el corte hacia arriba. Cortamos la mantequilla en láminas finas y cubrimos los ajos con ellas. Asamos al horno a 160 °C de 15 a 20 minutos. Damos la vuelta a los ajos con el fin de que absorban la mantequilla y se asen por el interior. Seguimos cociendo hasta que estén hechos. Sacamos los ajos del horno y presionamos las cabezas en caliente para extraer la pulpa guisada y la trituramos con el resto de ingredientes. El porcentaje de consomé puede variar según la densidad deseada para cada receta.

EL ROMESCO

65 g de avellanas
65 g de almendras
725 g de tomate
1 cebolla de Figueres de tamaño medio
25 g de ajo
25 g de ñoras
10 ml de vinagre de Jerez
30 g de mantequilla en flor
25 ml de aceite de avellana tostada
10 a 15 ml de vinagre de Jerez o de Módena
aceite de oliva arbequina
sal
pimienta negra

Remojamos las ñoras con un poco de agua. Cocemos al horno o escalivamos a 180 °C hasta que estén ligeramente cocidas y hayan perdido gran parte de su agua vegetativa. Los tomates los asamos directamente con sal y un chorrito de aceite. Las cebollas, igualmente aliñadas pero cubiertas en papel de aluminio. Los ajos los cocemos igual que las cebollas, pero con mantequilla, en vez de aceite, y pelados. Cocinadas todas las verduras, las pelamos, si fuera necesario, y las pasamos por un robot de cocina hasta formar una pasta fina. Por otro lado, tostamos los frutos secos y hacemos un praliné con el aceite de avellana. Dejamos enfriar el puré de verdura y el praliné. Trituramos la pasta de verduras con el praliné con un túrmix hasta que quede bien fino y emulsionamos con aceite de oliva hasta conseguir la textura deseada. Rectificamos de sal y pimienta, añadimos aceite de avellana tostada, vinagre de Jerez y de Módena al gusto. Metemos la mezcla en un sifón con 2 cargas y lo dejamos reposar un par de horas en la nevera.

EL PAN DE ROMESCO

4 g de azúcar
12 g de levadura
400 g de harina
160 g de trisol (fibra de trigo)
20 g de sal
4 claras de huevo

Para hacer el pan, llenamos un cuarto de un vaso de plástico con la masa de romesco y lo calentamos al microondas durante 30 segundos a 600 W. Cuando haya enfriado, lo sacamos del vaso, lo clavamos en un palo de metal y lo tostamos en la brasa, dándole vueltas sin que llegue a quemarse. Servimos rápidamente acompañado de una cucharada del romesco sobrante de la elaboración anterior.

OTROS

aceite de oliva
mizuna

MONTAJE

A la hora del servicio, en una cazuelita ponemos la salsa de fideuá, la avellana guisada y la tripa de bacalao, lo calentamos durante 1 minuto aproximadamente hasta que la tripa quede bien guisada. Con ayuda del DJ hacemos en el plato un círculo de puré de ajo, otro de praliné y, en el medio de los dos círculos, ponemos la salsa de perejil. En el centro colocamos el guiso de avellanas con la tripa y la salsa y, encima, la gamba marcada a la brasa. En el lateral disponemos el pan de romesco marcado a la brasa. Terminamos con brotes de mizuna y unas gotas de aceite de oliva encima de la salsa de perejil.

Oda París Vasco: txuleta, pimienta verde, consomé al jerez, café de París y salsa de cóctel

LA SALSA DE CÓCTEL

12 yemas de huevo
2 g de sal
10 ml de tabasco
20 ml de salsa inglesa tipo Perrins
1 g de pimienta

Cocemos las yemas de huevo en un baño de agua a una temperatura controlada de 62,5 °C durante 20 minutos. Una vez cocinadas, las colamos, aliñamos con el resto de ingredientes y mezclamos. Reservamos en un biberón de salsas dentro de la nevera.

LA NIEVE DE TERNERA

1 solomillo de ternera limpio
500 g de parmesano rallado
500 ml de agua
sal y pimienta

En un cazo calentamos el agua y el parmesano. Cuando hierva, retiramos del fuego, tapamos con film transparente y dejamos infusionar la mezcla 20 minutos. Después, colamos, reservamos el suero y desechamos la grasa.

Cortamos el solomillo en dados, los salpimentamos y envasamos al vacío con el suero durante 2 horas. A continuación, lo sacamos de la bolsa y lo ponemos en un vaso de Pacojet. Filmamos y congelamos. Luego lo pasamos por la Pacojet en pequeñas porciones para que la nieve quede suelta y el aparato no sufra demasiado.

LA MIGA DE PAN

200 g de pan blanco precocido y congelado
100 g de mantequilla fresca
sal y pimienta

Cortamos el pan congelado en dados y lo trituramos en un robot de cocina hasta reducirlo a migas. En una sartén integramos las migas con la mantequilla y las dejamos cocer a temperatura media, hasta que se hayan dorado. Entonces, rectificamos de sal y pimienta, las pasamos por un colador y, después, por papel absorbente para retirar toda la grasa sobrante. Dejamos enfriar las migas y las reservamos en un recipiente hermético.

LA MANTEQUILLA CAFÉ DE PARÍS

1 kg de mantequilla
44 g de kétchup
42 g de mostaza antigua
45 g de alcaparras en conserva
95 g de chalotas muy picadas
15 g de perejil muy picado
10 g de cebollino muy picado
1 g de orégano seco
3 g de tomillo seco
5 g de eneldo seco
10 g de estragón liofilizado
3 g de romero seco
11 ml de salsa inglesa tipo Perrins
7 g de ajo molido en polvo
25 g de anchoas muy picadas

35 ml de brandy
40 g de vino de Oporto
11 g de pimentón de La Vera
16 g de curry en polvo
0,5 g de cayena en polvo
2 g de pimienta molida
10 ml de zumo de limón
18 ml de zumo de naranja
3 g de pasta de curry verde
3 g de pasta de curry rojo
15 ml de vinagre de arroz
5 ml de zumo de lima
7 g de azúcar

Primero, mezclamos todos los ingredientes secos por una parte y los líquidos, por otra. Después los combinamos todos, menos la mantequilla, y los dejamos reposar en la nevera un mínimo de 12 o 18 horas. Transcurrido este tiempo, en un robot de cocina con varilla disponemos la mantequilla pomada (la mantequilla se ha dejado antes a temperatura ambiente) junto con la mezcla anterior y empezamos a trabajarla hasta que todo se haya integrado bien.

LA LENGUA DE TERNERA DESHILACHADA Y FRITA

1 lengua de ternera

En una olla a fuego lento ponemos a cocer la lengua durante 6 horas. Transcurrido este tiempo, la dejamos enfriar en la nevera. Después, quitamos la piel que envuelve la lengua y, con la ayuda de unas pinzas, vamos sacando los hilos. En una sartén con abundante aceite freímos a 180 °C los hilos de carne hasta que estén bien dorados y crujientes. Los escurrimos en papel absorbente y reservamos.

EL TENDÓN DE TERNERA

10 tendones de ternera
aceite de oliva
pimienta negra en grano
ajo
laurel

Quitamos la tela que envuelve el tendón de ternera, con un soplete, si fuera necesario. Lo envasamos al vacío con un poco de aceite, 6 granos de pimienta machacadas y un trozo de laurel y lo ponemos a cocer a 82 °C durante 24 horas. Lo enfriamos en agua y hielo. Después, lo cortamos en cuadrados de 2 x 2 centímetros y reservamos en un recipiente hermético hasta el momento del servicio.

LAS PIPARRAS A LA PARRILLA

100 g de piparras en conserva de mucha calidad
aceite de oliva

Escurrimos las piparras y guardamos el agua de conserva para otros usos (ver la receta de la gilda p. 18). Pintamos las piparras con un poco de aceite y las asamos en una parrilla hasta que estén ligeramente tostadas y ahumadas. Una vez frías, las picamos igual que haríamos con unas chalotas para steak tartar y las reservamos.

LA SALSA DE TERNERA

2,5 kg de rodilla
2,5 kg de retales
1 pie de ternera
500 l de vino tinto de calidad
10 l de agua mineral
600 g de cebolla
450 g de puerros
250 g de zanahorias
225 g de tomates maduros
125 g de apio
100 g de champiñón
100 g de nabo
100 g de hinojo
75 g de ajo
200 g de mantequilla de calidad
sal
pimienta

En una fuente de asar disponemos la rodilla de ternera, los retales y el pie cortado en trozos. Salpimentamos y doramos con un poco de aceite a 180 °C hasta que todo el conjunto adquiera un bonito tono tostado. Después, limpiamos, pelamos y picamos las verduras *grosso modo* y las pesamos según las cantidades indicadas en la receta. En una cazuela con un poco de aceite asamos todas las verduras, menos el tomate, hasta que se doren bien y se hayan reducido a la mitad. En una cazuela combinamos las carnes asadas, las verduras, el vino reducido y los tomates cortados en cuartos y mojamos con el agua. Cocemos a fuego suave un mínimo de 6 horas. Terminada la cocción, colamos el caldo resultante y lo reducimos en un rondón con la mantequilla hasta obtener una salsa densa, brillante y muy sabrosa.

LA ROCA DE MANTEQUILLA

1,2 kg de mantequilla
400 g de mascarpone
2 huesos de rodilla de 200 g de vaca madurada (opcional)
10 g de pimienta verde liofilizada
2 hojas de gelatina de 2 g
40 ml de salsa inglesa tipo Perrins
15 g de sal

En un cazo colocamos la mantequilla con los huesos de rodilla, si queremos darle un toque más sabroso a la roca. Reservamos el cazo en un lugar cálido a 50 o 60 °C durante al menos 1 hora para que se separe en fases. Vamos retirando la espuma que se vaya formando en la parte superior con la ayuda de una espumadera. Decantamos la mantequilla y nos quedamos solo con la grasa. Desechamos el suero que quede en el fondo o lo conservamos para otras elaboraciones. En un molino de piedra para hacer chocolate trabajamos la sal y la pimienta verde liofilizada hasta que estén bien molidas. Entonces, añadimos un kilo de la mantequilla clarificada y dejamos que la conchadora, o el molino, trabajen durante 15 minutos. Añadimos el mascarpone y trabajamos15 minutos más. Hidratamos las hojas de gelatina en agua fría durante 5 minutos y las escurrimos con papel absorbente. Calentamos la salsa inglesa lo justo para fundir las gelatinas y la incorporamos al aparato con el resto de ingredientes. Dejamos trabajar hasta obtener una emulsión con una textura parecida al chocolate fundido. Introducimos la mezcla en un sifón de litro con dos cargas de gas. Forramos con papel antiadherente una fuente honda «Green bag» y vaciamos el sifón dentro. Cerramos la fuente y le practicamos un vacío del 95 %, hasta que la emulsión toque la tapa. Introducimos la fuente en el congelador hasta que la roca esté totalmente congelada. Para servir, rompemos segmentos regulares del tamaño de una pelota de pimpón y los reservamos en un abatidor hasta el momento del servicio.

EL TSUKANDANI

300 g de shiitake seco
1 kg de alga kombu
2 kg de shiitake fresco
200 g de sake
50 g de glucosa
1,5 l salsa de soja baja en sal
500 ml de mirin
2 raíces de citronela
80 g de jengibre picado
100 g de azúcar
2 g de goma xantana

Remojamos el shiitake seco en agua fría una hora, hasta que se hidrate. Hidratamos el alga kombu en agua fría una hora; después, la picamos en dados regulares de 1,5 cm. Cortamos el shiitake fresco en tiras de 1 cm. En una cazuela amplia juntamos todos los ingredientes y cocemos hasta que todo se haya reducido y apenas tengamos caldo. Pasamos el guiso de setas y algas a un tapete para deshidratador y secamos a 55 °C, hasta que esté totalmente seco. Lo reservamos en un recipiente hermético y seco.

EL AGUA DE KOMBU

100 ml de agua mineral
2 g de alga kombu deshidratada

Ponemos el agua a hervir. Cuando hierva, introducimos el alga deshidratada, apartamos del fuego y dejamos que infusione de 20 a 30 minutos. Después, la colamos y reservamos.

EL CHIP DE CECINA

cecina ahumada de León

Cortamos la cecina en láminas de 1 mm y las colocamos extendidas en placas de deshidratador. Las dejamos secar a 55 °C al menos 12 horas hasta que estén bien secas.

LA INFUSIÓN DE CECINA

20 g de chip de cecina (elaboración anterior)
6 g de tsukandani (elaboración anterior)
120 ml de agua de kombu (elaboración anterior)

Ponemos todos los ingredientes a hervir unos 10 minutos a fuego muy suave para no generar impurezas. Retiramos del fuego y dejamos reposar. Después, colamos la infusión y servimos. Esta elaboración la hacemos en sala, delante del comensal.

OTROS

flor de pepino
mostaza rizada
nitrógeno líquido
caviar ahumado
vinagre de Jerez

MONTAJE

En un cazo disponemos la salsa de ternera con dos segmentos de tendón por persona y lo ponemos a hervir justo al salir a sala. Pasamos la carne por la Pacojet y, en el plato, hacemos una capa de 1 cm de nieve de filete y aliñamos con un poco de miga de pan a la mantequilla, una cucharadita de salsa de cóctel y un poco de piparra a la parrilla. Repetimos la operación encima de la primera capa. Esta la podemos hacer directamente en el plato o nos podemos ayudar de un pequeño molde rectangular. Con una plancha de nitrógeno (Teppan Nitro) y una pequeña espátula, hacemos un velo muy fino de 3 g de mantequilla café de París y lo ponemos encima de la nieve de ternera. Seguimos con los hilos de ternera fritos, las flores de pepino y los brotes de mostaza rizada. Al lado del steak, disponemos 2 medias cucharaditas de café con caviar ahumado. Terminamos el emplatado delante del cliente con dos segmentos de tendón calientes y un chorrito de salsa de ternera. Acompañamos el plato con una infusión de cecina servida en una copa con una cucharadita de vino de Jerez y una roca de mantequilla de pimienta verde con un par de chips de cecina.

Parpatana saporibus ab Roma

LA SALSA DE CERDO

2 kg de espinazo de cerdo
1 kg de recortes de cerdo
2 pies de cerdo
500 g de cebolla de Figueres
la parte blanca de 1 puerro
3 zanahorias
4 tomates maduros
1 rama de apio
50 g de ajo
200 ml de vino tinto
200 ml de coñac
mantequilla en flor
sal y pimienta

En una cazuela asamos el espinazo, los recortes y los pies de cerdo cortados en trozos, hasta que tomen un bonito color tostado. Añadimos las verduras limpias y cortadas en tamaños regulares: primero los ajos, luego las zanahorias y, por último, las cebollas. Cuando estén doradas, agregamos el puerro y el apio. Dejamos cocer a fuego vivo. Terminamos incorporando los tomates. Cocidas las verduras, desglasamos con los licores y mojamos hasta cubrir bien con el agua. Cocemos a fuego suave de 4 a 5 horas. Terminada la cocción, filtramos el jugo y lo reducimos con un poco de mantequilla, hasta obtener una salsa potente y untuosa. Rectificamos de sal y pimienta.

LA PARPATANA

5 piezas de parpatana de atún en cortes
   de 150 a 200 g
salsa de cerdo (elaboración anterior)

Con un cuchillo quitamos la piel que recubre la parpatana para que no quede ninguna escama. La metemos en una bolsa de vacío con 100 ml de salsa de cerdo y la ponemos a cocer a 61,5 °C durante 1 hora y 15 minutos. La sacamos de la bolsa, nos ponemos unos guantes y le quitamos las partes duras en caliente, sin desmontar mucho la pieza. Dejamos que se enfríe en la nevera conservando la forma. Una vez fría, envasamos cada pieza por separado. Reservamos el jugo de cerdo, que ahora tendrá sabor a carne y atún.

EL TOMATE ESPECIADO

1 kg de tomates cherry Divino
16 g de menta
1 g de orégano seco
7 g de albahaca
10 g de tomillo
10 g de romero
30 g de salsa garum o colatura de anchoa

Escaldamos los tomates y los pelamos, los aliñamos con aceite, sal, pimienta y azúcar, y mezclamos todo con mucho cuidado de que no se rompan. Los disponemos en bandejas y los secamos en el horno a 115 °C con un 15 % de humedad durante 1 hora y 15 minutos. Una vez secos, los picamos a cuchillo y añadimos la menta, el tomillo, la albahaca, el romero previamente picado, el orégano y el garum. Lo combinamos todo y reservamos en la nevera.

EL CRUJIENTE DE PECORINO

400 g de parmesano
400 ml de agua mineral
50 g de almidón de tapioca
oro en polvo

Ponemos el agua a calentar con el parmesano. Cuando arranque a hervir, lo retiramos del fuego, tapamos con film transparente y dejamos que infusione 20 minutos. Luego, lo pasamos por un colador y reservamos 250 g de ese suero. Mezclamos el suero de parmesano y el almidón de tapioca y lo ponemos a hervir mientras lo trabajamos con una varilla para que no se pegue. Cuando empiece a espesar, retiramos del fuego y rápidamente estiramos la mezcla en tapetes de silicona lo más fino posible. Espolvoreamos el oro en polvo y lo cocemos en el horno a 100 °C durante 1 hora con un 0 % de humedad. Dejamos que se enfríe y, después, lo guardamos en un recipiente hermético.

LA MIEL

miel
romero
menta
albahaca

Picamos con cuchillo todas las hierbas y las mezclamos con la miel. Las reservamos en un biberón.

LA ACEITUNA NEGRA SECA

100 g de aceitunas negras griegas con hueso

Aplastamos las aceitunas con un cazo o un objeto contundente y extraemos el hueso. Las laminamos fino y las secamos en el horno a 55 °C de 8 a
10 horas. Una vez secas, las picamos muy bien con
la ayuda de un cuchillo afilado. Reservamos el polvo
obtenido en un recipiente hermético.

OTROS

brotes de cebolla

MONTAJE

Calentamos la parpatana con la salsa de cerdo y
la ponemos en el ánfora. Colocamos al lado una
buena cucharada de tomate especiado. Encima de
la parpatana ponemos el polvo de aceituna negra
seca y unos brotes de cebolla. En la otra parte del
ánfora disponemos el crujiente de parmesano y, encima, vertemos un poco de miel.

Salmonete frito con sus escamas, jugo de espinas asadas, hojas crujientes y curry verde

EL PURÉ DE ALCACHOFAS

10 alcachofas
150 ml de aceite de oliva arbequina
agua mineral
sal

Limpiamos las alcachofas dejando los fondos bien pulidos. Los cortamos en cuartos y los colocamos en una bolsa de cocción con la mitad del aceite, el agua y la sal. Los cocemos 30 segundos en agua hirviendo y enfriamos la bolsa con agua helada para retractilarla. Cocemos las alcachofas en la bolsa en el horno a vapor durante 35 minutos. Pasamos las alcachofas por un robot de cocina con el resto del aceite. Agregamos más aceite si queremos una crema menos densa. La reservamos en un biberón de salsas.

EL CURRY VERDE

100 g de chalota
30 g de chile
4 hojas de lima kaffir
10 g de galanga rallada
600 g de leche de coco
45 g de cilantro
900 ml de licuado de espárrago verde
15 g de albahaca escaldada
20 g de ajo
40 g de citronela
20 g de jengibre
1 g de comino

30 ml de salsa Jang o soja blanca
100 g de espinacas escaldadas, enfriadas
   en agua helada y escurridas
sal
pimienta

Pelamos y cortamos en brunoise la chalota y el ajo y los sofreímos con el chile. Una vez sofritos, añadimos la citronela, las hojas de lima kaffir, el jengibre y la galanga rallada. Cuando esté todo bien sofrito, incorporamos el licuado de espárrago verde junto con el comino, la leche de coco y la salsa Jang y dejamos que reduzca durante 15 minutos a fuego bajo. Después, agregamos el cilantro, tapamos con film transparente y dejamos que infusione durante 20 minutos. Colamos, añadimos la sal, la pimienta, las espinacas y la albahaca y trituramos todo bien. Colamos de nuevo con un colador muy fino y reservamos la crema de curry en un biberón de salsas.

EL SALMONETE

salmonetes de 200 a 300 g

Limpiamos los lomos de los salmonetes, asegurándonos de mantener el máximo de escamas posibles. Reservamos las espinas y las cabezas, que limpiamos para la salsa.

LA SALSA DE SALMONETE

10 o 15 espinas y cabezas de salmonete
5 cebollas
2 zanahorias
4 tomates maduros
1 cabeza de ajos
1 puerro
100 ml de vino blanco
la parte verde de 1 puerro
goma xantana (0,5 g por litro)
mantequilla

Ponemos en el horno las espinas de salmonete a 190 °C durante 30 minutos con un poco de aceite. En una olla marcamos bien las cabezas del pescado y las retiramos. En esa misma olla añadimos la cabeza de ajos para que se marque bien. Agregamos la cebolla y dejamos que se haga muy bien hasta alcanzar un color tostado (no quemado). Entonces, echamos las zanahorias y lo dejamos unos 15 minutos. Después, el puerro y los tomates, y lo dejamos todo unos 5 minutos a fuego fuerte sin dejar de remover para que todos los ingredientes adquieran el mismo color. Luego, incorporamos el vino blanco y, cuando se evapore el alcohol, las espinas y las cabezas. Cubrimos con agua bien fría y hielo y terminamos con el verde del puerro. Cocemos todo a fuego mínimo 30 minutos a partir del momento en que empieza a hervir. Apagamos el fuego y lo dejamos reposar 15 minutos. Lo pasamos por un colador fino. Por cada litro añadimos 0,5 g de xantana con la ayuda de un brazo eléctrico. A continuación, lo ponemos a reducir. Cuando empiece a tener textura, añadimos la mantequilla y ligamos hasta que la mezcla adquiera una textura de salsa.

LAS HOJAS DE COL RIZADA CRUJIENTE

300 g de col rizada o kale
50 ml de aceite de oliva arbequina de calidad
sal fina

Lavamos las hojas de kale en agua fría para retirar la suciedad y las secamos bien con papel de cocina. Retiramos los tallos y los cortamos en segmentos regulares de 10 x 6 cm, dando prioridad a las partes rizadas y desechando las partes centrales de las hojas grandes, que son más fibrosas. Colocamos las hojas en un bol y las aliñamos con el aceite y la sal justa. Removemos con cuidado, procurando que toda la hoja se impregne de aceite. Las disponemos en una fuente de horno lo más planas posible y horneamos a 100 °C con ventilación durante 10 minutos. Transcurrido este tiempo, les damos la vuelta y cocinamos unos minutos más hasta que estén bien crujientes, pero sin perder su color natural. Rompemos en segmentos más pequeños las hojas que no hayan quedado perfectas, que nos servirán para decorar las hojas grandes.

berros
piparras
aceite de oliva
kumquat o naranja china

MONTAJE

En el momento del pase hacemos dos círculos de puré de alcachofa con la ayuda del DJ, en el centro de los círculos colocamos el curry verde. Con la pipeta de aceite dibujamos puntos sobre el curry. En el centro del plato disponemos salsa de salmonete. Freímos el salmonete dejando caer aceite muy caliente solo por la parte de las escamas, para que se ricen bien, y terminamos la cocción en la salamandra si hiciera falta. Ponemos el pescado encima de la salsa y acabamos el plato con unos berros que habremos marcado a la brasa, una piparra marcada también a la brasa, unos trozos de col crujiente y una rodaja de kumquat.

Rib de cordero a la parrilla japonesa, suflés asiáticos, ajo miso, yakiniku y flores secas

LAS COSTILLAS MARINADAS DE CORDERO

1 kg de tira central de costilla de cordero
200 g de miso blanco
300 ml de sake
300 ml de agua
50 ml de salsa de soja blanca
30 g de yuzu en polvo

En un bol mezclamos todos los ingredientes de la marinada con la ayuda de una varilla, hasta que estén todos perfectamente integrados. Después, envasamos al vacío el costillar con la marinada y lo reservamos en la nevera 48 horas. Podemos realizar la marinada sin vacío, pero el proceso siempre será más intenso e higiénico si se hace al vacío. Terminado el marinado, sacamos las piezas, las limpiamos con el mínimo de agua posible y las secamos. Las envasamos de nuevo al vacío en bolsas de cocción y las cocemos en un baño de agua a una temperatura controlada de 72 °C durante 12 horas. Terminada la cocción, dejamos enfriar, primero en agua a temperatura ambiente y, luego, reservamos en la nevera.

LA SALSA DE CORDERO AHUMADA

3 kg de cuellos y recortes de cordero
250 g de cebolla de Figueres
la parte blanca de 1 puerro
3 zanahorias
1 ramita de apio
4 tomates maduros
50 g de ajos
200 ml de vino tinto
200 ml de coñac
mantequilla ahumada

Cortamos los cuellos en cuartos y los asamos junto a los recortes con un poco de aceite y sal, hasta que queden tostados. En una cazuela amplia cocemos las verduras, limpias y cortadas en trozos regulares, primero los ajos, luego las zanahorias y, por último, las cebollas. Cuando estén doradas, añadimos el puerro, el apio y los tomates. Dejamos cocer a fuego vivo y agregamos las carnes. Asamos todo el conjunto, desglasamos con los licores y mojamos hasta cubrir bien con agua. Cocemos a fuego suave de 4 a 5 horas. Terminada la cocción, filtramos el jugo y lo reducimos con un poco de mantequilla ahumada, hasta obtener una salsa potente y untuosa. Rectificamos de sal y pimienta. Pasamos la salsa a una fuente amplia, que dejamos en la parte alta de la barbacoa; encima, otra más grande haciendo el efecto de campana para retener el humo. Colocamos en la parrilla un par de trozos de carbón encendido y, para ahumar, vamos añadiendo por encima pequeñas cantidades de virutas de madera ligeramente humedecidas, hasta que la salsa adquiera un suave sabor ahumado.

LA SALSA YAKINIKU CON KIMCHI Y YUZU

240 ml de salsa de soja
120 ml de sake
120 ml de mirin
40 ml de vinagre de arroz
100 g de miso rojo
90 g de azúcar
50 g de base para kimchi
10 g de katsuobushi
yuzu
2 ajos
½ manzana Pink Lady
aceite de sésamo tostado
aceite de oliva arbequina
semillas de sésamo

Picamos los ajos bien fino y, junto con las semillas de sésamo, los doramos con el aceite de sésamo y el aceite de oliva. Cuando el conjunto esté dorado, añadimos la manzana cortada en dados pequeños, y salteamos un minuto más. Agregamos el sake, el mirin y el azúcar y damos un ligero hervor para infusionar la mezcla. Damos calor de nuevo e incorporamos el resto de ingredientes, menos el yuzu y el katsuobushi, removiendo bien para que todo se integre. Calentamos de nuevo y, cuando hierba, apartamos del fuego y añadimos el katsuobushi. Tapamos con plástico alimentario y dejamos que infusione hasta que se enfríe por completo. Entonces agregamos el yuzu en polvo, mezclamos bien y colamos. Reservamos la salsa.

LAS COSTILLAS

tira de costilla marinada (elaboración anterior)
salsa yakiniku (elaboración anterior)
salsa de cerdo ahumada (elaboración anterior)

Sacamos las costillas de la bolsa y las racionamos en grupos de 2, 4 o 6 costillas. Las embadurnamos con salsa yakiniku y las dejamos reposar media hora para que la carne se atempere y vaya tomando sabor. En un cazo mezclamos a partes iguales la salsa de cerdo ahumada y la salsa yakiniku, con la que asaremos las costillas y terminaremos el plato delante del cliente. Antes de servir, retiramos la carne de un extremo, dejando una parte del hueso limpio para poder degustarse con las manos si el cliente lo desea. Asamos las costillas a la parrilla hasta que se doren, pintamos las piezas con la mezcla de las dos salsas y dejamos asar unos minutos más. Antes de servir, salseamos de nuevo con la mezcla de salsas.

LOS SUFLÉS ASIÁTICOS

pasta wonton
agua
aceite de girasol

Calentamos una buena cantidad de aceite de girasol a 180 o 200 °C. Con un pincel pintamos dos láminas de pasta wonton con un poco de agua y las juntamos por la parte húmeda. Con la ayuda de un cortapastas de 2 cm, cortamos círculos de pasta y los freímos rápidamente en el aceite de girasol. Tenemos que darles vueltas constantemente para que sufleen bien. Cuando hayan adquirido un bonito tono tostado, sacamos las piezas sufladas y las secamos en papel absorbente. Las reservamos en un armario caliente hasta el momento de servir.

EL MISO ROJO CON AJO NEGRO

100 g de ajo negro
50 g de pasta de miso rojo
agua mineral

Con la ayuda de un brazo eléctrico trabajamos el ajo negro, el miso y el agua necesaria hasta formar una crema densa, que después pasamos por un colador.

EL MISO BLANCO CON AJOS COMPOTADOS

8 cabezas de ajos morados
100 g de mantequilla
50 ml de agua o caldo de pollo
sal
miso blanco

Quitamos la primera capa de piel a las cabezas de ajos y hacemos un corte en la parte superior, a un centímetro partiendo de la parte más alta. Colocamos los ajos en una fuente de asar con el corte hacia arriba. Laminamos finamente la mantequilla y cubrimos los ajos. Los asamos al horno a 160 °C unos 25 minutos. Damos la vuelta a los ajos con el fin de que absorban la mantequilla y se asen por el interior. Seguimos cociendo hasta que estén hechos, unos 25 o 30 minutos más. Terminada la cocción, presionamos las cabezas en caliente para extraer la pulpa guisada y la trituramos con el caldo y una pizca de sal. El porcentaje de caldo puede variar según la densidad deseada para cada receta. Trabajamos hasta obtener una crema fina. Cuando tengamos esta pasta de ajo, la pesamos y la trituramos de nuevo con la misma cantidad de pasta de miso blanco. Cuando todo esté bien integrado, pasamos la mezcla por un colador si fuera necesario.

EL POLVO DE KIMCHI, SHICHIMI TOGARASHI Y JENGIBRE

250 g de base para kimchi
3 g de shichimi togarashi
2 g de jengibre en polvo

Mezclamos todos los ingredientes formando una pasta. Estiramos con la ayuda de una espátula sobre un tapete de silicona para deshidratadora. Secamos a 55 °C hasta que esté totalmente seco. Lo picamos con un molinillo de café hasta formar un polvo fino y lo reservamos en un recipiente hermético.

LAS FLORES SECAS

flores de verbena, pensamientos, tréboles tipo
  oxalis, etc.
lactosa en polvo

Con la ayuda de un colador vertemos en una fuente una capa fina de lactosa. Seleccionamos las flores y las disponemos de una en una encima de la lactosa. Cubrimos de nuevo con una capa de lactosa, tapamos la fuente con papel de cocina transparente Y dejamos secar las flores unas 12 horas en un lugar cálido sin humedad. Terminado el secado, retiramos las flores de la lactosa y las limpiamos con la ayuda de un pincel. Las reservamos en un recipiente hermético con cápsulas de arena de sílice.

OTROS

hierbas frescas: romero, tomillo, salvia, etc.
semillas de sésamo tostadas
pastillas de carbón para shisha

MONTAJE

Para presentar el *rib* de cordero asado ante el comensal, preparamos un plato con una base de hierbas frescas. Colocamos encima el cordero y, antes de tapar con una campana de cristal, encendemos un cuarto de pastilla de carbón para shisha, que dejamos encima de las hierbas para generar un suave humo. Montamos el plato de servicio dibujando con la ayuda de mangas pasteleras cuatro puntos de miso blanco con ajos morados y cuatro de miso rojo con ajo negro. Encima de cuatro puntos disponemos cuatro suflés asiáticos con un puntito de miso encima. Colocamos una pequeña cantidad de polvo de kimchi encima de los suflés. Terminamos el plato con las flores secas sobre los puntos de miso restantes. Calentamos las salsas de cordero ahumada y yakiniku y añadimos una cucharadita de semillas de sésamo tostado. Delante del cliente, cortamos las costillas de cordero, las colocamos en el centro del plato de presentación y las napamos con un par de cucharadas de cada salsa bien caliente.

Codorniz engrasada con texturas de maíz

EL PAN DE MAÍZ

200 g de maíz dulce con su agua
150 g de harina
50 g de harina de maíz Maseca
160 g de trisol (fibra de trigo)
6 g de levadura
10 g de sal
6 claras de huevo fresco

Trituramos el maíz dulce con su propia agua en la Thermomix®. Después, lo pasamos por el colador chino y luego por la superbag.

Mezclamos todos los ingredientes en el vaso de la Thermomix® y los trituramos durante 2 minutos. Ponemos toda la mezcla en un sifón con 2 cargas de gas y cocemos el pan en el microondas durante 1 minuto. Enfriamos y reservamos para el servicio.

EL ROMESCO DE MAÍZ

250 g de maíz dulce
100 g de cebolla de Figueres asada
375 g de tomate maduro asado
12 g de ajo asado
150 ml de aceite de oliva
30 ml de vinagre de Jerez
5 g de sal
35 g de avellana tostada pelada
35 g de almendra tostada pelada
10 g de ñora
mantequilla

Salteamos el maíz con un poco de mantequilla en una sartén para que coja color. Mezclamos todos los ingredientes menos el aceite de oliva en la Thermomix® y trituramos a velocidad máxima durante 2 minutos. Luego vamos emulsionando con el aceite de oliva hasta obtener una salsa cremosa. Reservamos para el servicio.

EL ESCABECHE DE MAÍZ

1.250 g de maíz triturado con su agua
10 ml de vinagre de Jerez
12 g de aceite de oliva
5 g de ajo
5 bolas de pimienta
1,5 g de tomillo
1 hoja de laurel
30 g de mantequilla

En primer lugar, reducimos el maíz triturado hasta obtener 400 gramos.

En una cazuela con el aceite disponemos el ajo cortado en brunoise junto a la hoja de laurel, la pimienta y el tomillo. Una vez que esté todo bien dorado, añadimos el vinagre y, a continuación, el maíz reducido. Dejamos que hierva un par de minutos y, después, lo infusionamos 30 minutos. Colamos la mezcla con la superbag y la ligamos con la mantequilla con la túrmix. Reservamos para el servicio.

LA MARINADA DE CODORNIZ

200 g de miso blanco
300 ml de sake
300 ml de agua
50 ml de salsa de soja banca
30 g de yuzu en polvo
10 codornices

Mezclamos todos los ingredientes de la marinada en un bol con la ayuda de una varilla hasta que están todos perfectamente integrados. Envasamos las codornices al vacío con la marinada y las reservamos en la nevera 48 horas. Podemos realizar la marinada sin vacío, pero será más intensa y el proceso más higiénico si se hace al vacío. Terminado el marinado, sacamos las piezas adobadas, las limpiamos con el mínimo de agua posible y las secamos. A continuación, las envasamos de nuevo al vacío en bolsas de cocción y las reservamos en la nevera hasta el servicio.

LA OLIVA NEGRA SECA

500 g de oliva negra sin hueso

Cortamos la oliva negra con un cuchillo, la estiramos en bandejas excalibur y la ponemos a secar a 55 °C durante 24 horas.

Pasado ese tiempo, la aplastamos un poco en un mortero y la guardamos en un lugar fresco y seco.

LA MINIMAZORCA

500 g de mantequilla en dados
300 g de maíz MisterCorn
minimazorcas (1 por persona)

Trituramos el maíz, lo envasamos al vacío con los dados de mantequilla y lo cocemos durante 4 horas a 55 °C en el ronner.

Envasamos las minimazorcas una al lado de la otra en plano con la mantequilla y las cocemos en el horno vapor a 40 minutos 90 °C. Las sacamos y enfriamos.

LA SALSA DE PATO

10 carcasas de pato
6 cebollas
4 tomates maduros
4 zanahorias
1 cabeza de ajos
1 rama de apio
1 puerro
vino blanco
mantequilla
agua

Limpiamos bien las carcasas de pato y las horneamos a 180 °C durante 40 minutos. En una olla marcamos la bresa; primero el ajo, luego la cebolla, hasta que tenga bastante color, y, por último, la zanahoria, el puerro y el apio. Dejamos que se marque todo bien. Es importante que la cebolla adquiera muy buen color, ya que es el ingrediente que nos aporta color en el fondo. Añadimos el tomate y un buen chorro de vino blanco. Cuando haya reducido, agregamos las carcasas, cubrimos con agua y dejamos que hierva a fuego mínimo durante 4 horas. Después, colamos la salsa y la enfriamos en la nevera para que la grasa se separe. Sacamos de la nevera, retiramos la grasa y pasamos por la superbag para que reduzca bien. Finalmente la ligamos con mantequilla y la reservamos.

café
aceite de vainilla
brotes de maíz
1 hoja de capuchina pequeña

MONTAJE

Cocemos las codornices en el ronner durante 15 minutos a 62 °C. Después, las sacamos de la bolsa y las freímos en abundante aceite a una temperatura de 185 °C aproximadamente.

Marcamos las minimazorcas en una sartén con la mantequilla de la propia bolsa hasta que adquieran un color dorado.

En el plato disponemos el escabeche, dos *quenelles* de romesco, dos puñados de oliva negra, espolvoreamos un poco de café, aceite de vainilla, una minimazorca y decoramos con brotes de maíz y una hoja de capuchina pequeña.

Colocamos media codorniz en el centro del plato y añadimos por encima una cucharada de salsa de pato. Acompañamos con pan de maíz tostado.

Infusión de quesos

EL CALDO DE VERDURAS

600 g de col
600 g de calabaza
130 g de cebolleta
200 g de zanahoria
150 g de chirivía
75 g de apio
250 g de puerro
300 g de apio nabo
250 g de bulbo de hinojo
150 g de cebolla de Figueres
6 g de romero
5 g de tomillo
30 g de citronela
salsa Jang o soja blanca
ajo negro
chalota negra
agua mineral

Pelamos y lavamos todas las verduras. Después, las cortamos en dados muy pequeños y mezclamos todo muy bien. Introducimos 200 g de la mezcla de verduras picadas en bolsas pequeñas de cocción al vacío y añadimos en cada una 100 ml de agua mineral más 10 g de salsa Jang, un cuarto de ajo negro y media chalota negra. Envasamos las bolsas al 100 % de vacío y las retractilamos en agua hirviendo. Después, las enfriamos en agua helada y luego las cocemos al horno a vapor a 88 °C 1 hora y 30 minutos. Con cada una de estas bolsas preparamos dos raciones.

EL SUERO DE QUESOS

600 g queso parmesano
600 g queso comté
600 g queso roquefort
600 g queso idiazábal ahumado
600 g queso scamorza
600 g queso manchego curado
700 ml de agua
1 g de alga kombu

Quitamos la piel a cada uno de los quesos y los cortamos en dados por separado. En una olla introducimos 600 g de queso, el agua y el alga kombu y lo ponemos al fuego, removiendo de vez en cuando. Cuando empiece a hervir, retiramos la olla del fuego y tapamos con film transparente unos 30 minutos para que infusione el queso. Después, pasamos la mezcla por un colador muy fino y nos quedamos con el suero. Repetimos la operación con todos los quesos.

EL ALGINATO

6 l de agua mineral
36 g de alginato de sodio

Trituramos hasta que se haya disuelto el alginato y
lo dejamos reposar al menos 12 horas en la nevera.

LAS ESFERAS

250 ml de suero de los diferentes quesos
  (elaboración anterior)
1 g de goma xantana
3 g de glucosa por cada uno de los sueros

En un bol mezclamos los ingredientes y disolvemos
con el túrmix, intentando introducir el menor aire
posible. Extraemos el aire con la máquina de vacío
y hacemos esferas con una cuchara de 2,5 cm. Lo
metemos en el alginato de la elaboración anterior
durante 1 minuto aproximadamente y pasamos por
agua. Lo transferimos a un recipiente hermético con
aceite de oliva y refrigeramos. Repetimos la operación con el suero de cada queso.

OTROS

microtomate
dado de plátano canario de 0,5 cm
kumquat
nuez
brotes de romero, mizuna, atzina y albahaca
flores

MONTAJE

En un plato ponemos una esfera de cada uno de
los quesos y añadimos los brotes, las flores, el microtomate cortado por la mitad, una lámina fina de
kumquat, media nuez tostada y un dado de plátano
(que cortamos al momento para evitar que se oxide). Para servir, calentamos la bolsa con las verduras al horno a vapor. La abrimos delante del cliente
y la vertemos en una tetera con colador de malla.
Servimos el caldo en el plato de quesos sin llegar a
cubrir las esferas.

Nubes blancas

LA INFUSIÓN DE CITRONELA

1 l de agua
12 unidades de citronela
1 g de vainilla

En una olla ponemos a cocer todos los ingredientes. Cuando empiece a hervir, apagamos el fuego, tapamos y dejamos que infusionen unos 20 minutos. Después, colamos por una malla fina y reservamos.

EL MERENGUE Y LAS NUBES SECAS DE CITRONELA Y VAINILLA

75 ml de agua mineral
100 g de azúcar isomalt
80 g de azúcar
200 ml de infusión de citronela (elaboración anterior)
30 g de albúmina

Con un robot de cocina mezclamos bien la albúmina con la infusión de citronela. Una vez que se haya integrado, la montamos en un robot de repostería con varillas. Con el resto de ingredientes elaboramos un almíbar. Cuando alcance los 121 °C, lo vamos añadiendo en forma de hilo a la mezcla de albúmina e infusión, hasta que esté bien montada. Dividimos la mezcla en dos. Reservamos una parte para el momento de emplatar, la otra la ponemos en una manga pastelera con una boquilla lisa de 1 cm y, encima de un tapete de silicona, la escudillamos dando forma de pequeñas nubes. La dejamos secar en la deshidratadora unas 12 horas, hasta que las nubes estén bien crujientes. Las reservamos en un recipiente hermético. En el restaurante, utilizamos el merengue al momento y las nubes secas elaboradas el día anterior.

EL HELADO DE VAINILLA, COCO Y LIMÓN

4 g de vainilla
5 limones
300 ml de leche
900 g de pulpa de coco
2 g de goma xantana
400 g de queso crema
350 g de chocolate Ivoire (35 % de cacao)

Calentamos la leche. Una vez caliente, la vertemos encima del chocolate en un bol aparte para que se funda. Rallamos la piel de los limones, los exprimimos y lo agregamos todo al chocolate. Añadimos el resto de ingredientes y mezclamos bien. Dejamos reposar en la nevera durante 12 horas. Transcurrido este tiempo, pasamos la mezcla por la máquina de helados y la reservamos en la nevera.

OTROS

paillete o barquillo

MONTAJE

En el centro del plato ponemos un poco de barquillo picado o *paillette* y, encima, una cucharada de helado de vainilla. Cubrimos el helado con un poco de merengue, procurando darle el aspecto de una nube, y acabamos con dos nubes secas.

Nubes negras

LA INFUSIÓN DE CÁSCARA DE CACAO

500 ml de agua
2 vainas de vainilla
22 g de cáscara de cacao torrefactada
2 expresos

Infusionamos la cáscara de cacao junto con las vainas de vainilla cortadas por la mitad y el agua. Una vez que empiece a hervir, retiramos del fuego, añadimos los dos cafés y lo dejamos reposar unos 20 minutos. Pasado este tiempo, colamos la infusión por una malla fina y la reservamos.

EL MERENGUE FRESCO DE CACAO

75 ml de agua
100 g de azúcar isomalt
80 g de azúcar
200 ml de infusión de cáscara de cacao
   (elaboración anterior)
30 g de albúmina
1 g de colorante negro en polvo

Con la ayuda de un brazo triturador mezclamos bien la albúmina y la infusión de cacao y seguidamente lo montamos en un robot de repostería con varillas. Con el resto de ingredientes elaboramos un almíbar, lo hacemos hervir hasta que llegue a 121 °C y lo vamos añadiendo a hilo al merengue que hemos montado mientras el robot sigue trabajando a velocidad media. Diluimos el colorante negro en 2 g de agua y lo agregamos al merengue. Dividimos la mezcla en dos. Reservamos una parte para terminar el plato en una manga pastelera con boquilla lisa de 1 cm y con la otra formamos pequeñas nubes en un tapete de silicona con la misma manga pastelera.

Las ponemos a secar en una deshidratadora durante 12 horas. Después, las reservamos en un recipiente hermético. En el restaurante, utilizamos el merengue al momento y las nubes secas elaboradas el día anterior.

LOS HIELOS DE LECHE REDUCIDA

3 l de leche
2 l de nata
500 g de Prosorbet o estabilizante para sorbetes
200 g de yema de huevo
6 g de vainilla

Reducimos la nata y la leche hasta la mitad y dejamos enfriar la mezcla en la nevera. Después, añadimos el resto de ingredientes, combinamos bien y lo congelamos en los moldes de hielo.

EL AGUA DE GLUCOSA

150 ml de agua
25 g de glucosa líquida

Hacemos hervir el agua con la glucosa lo justo para que se disuelva bien y la reservamos.

EL CARBÓN

1 kg de madera Jack Daniel's
30 g de colorante negro en polvo
150 ml de bourbon
75 ml de agua

En una bolsa de vacío introducimos todos los ingredientes y dejamos que maceren bien durante 12 horas. Transcurrido este tiempo, los estiramos en bandejas y secamos en el horno a 180 °C con un 0 % de humedad durante 15 minutos. Sacamos y guardamos la madera seca y aromatizada en un recipiente hermético.

Infusionamos todos los ingredientes, menos el hielo de leche reducida, delante del cliente. Colamos y lo vertemos encima del hielo de leche reducida en un recipiente apto para trabajar con nitrógeno, mezclamos bien y lo vamos congelando con nitrógeno líquido y trabajando con unas varillas hasta hacerlo helado.

EL HELADO DE CARBÓN, ESPECIAS, CAFÉ Y CACAO

1 unidad de cardamomo verde
10 bolas de pimienta negra
10 bolas de pimienta de Sichuan
25 g de carbón (elaboración anterior)
1 g de semillas de vainilla
1,5 g de café molido
2 g de canela en rama
15 g de azúcar mascabado
9 g de piel de cacao torrefactada
25 g de hielo de leche reducida (elaboración anterior)
175 g de agua de glucosa (elaboración anterior)
nitrógeno líquido

EL *CRUMBLE* DE CACAO

200 g de harina
125 g de azúcar
60 g de cacao en polvo
150 g de mantequilla pomada

Mezclamos todos los ingredientes hasta formar una masa. La estiramos en una bandeja de horno con papel antiadherente y la cocemos en el horno a 180 °C entre 7 y 10 minutos. La dejamos enfriar, desmenuzamos bien y la reservamos en un recipiente hermético.

OTROS

flor eléctrica

MONTAJE

En la base del plato ponemos un poco de *crumble* de cacao y colocamos encima una buena cucharada de helado de carbón, especias, café y cacao. Tapamos el helado con el merengue y lo coronamos con dos nubes de merengue seco. Acabamos el plato espolvoreando un poco de flor eléctrica.

Globo de piruletas y cerezas

LA GANACHE DE FRAMBUESA

400 g de chocolate de frambuesa
300 ml de nata fresca (35 % MG)

Ponemos la nata a hervir a fuego medio. Cuando hierva, vertemos la nata encima del chocolate, que habremos colocado en un bol. Mezclamos bien con varillas hasta que el chocolate esté totalmente disuelto y tengamos una crema lisa y brillante. Reservamos la ganache en la nevera hasta que esté fría y coja cuerpo.

LA GALLETA DE ALMENDRA

225 g de mantequilla
500 g de harina de almendra
300 g de azúcar
30 g de sal

Dejamos reposar la mantequilla a temperatura ambiente y la trabajamos con guantes de látex hasta que adquiera una textura de pomada. Añadimos el resto de ingredientes y amasamos hasta lograr una masa homogénea. Cortamos la masa en pequeños triángulos, los pasamos a una bandeja y los refrigeramos. Una vez fríos, los horneamos 10 minutos a 180 °C. Los sacamos, los dejamos enfriar y los reservamos en un recipiente hermético.

LA PULPA DE CEREZA

cerezas

Deshuesamos las cerezas y las trituramos en un robot. Pasamos el puré por una destiladora concentradora a 35 °C en frío durante 12 horas, hasta lograr una pulpa con mucho sabor. Reservamos.

EL HELADO DE CEREZA

1 l de nata
4 l de leche
800 g de glucosa
700 g de azúcar
200 g de leche en polvo
80 g de estabilizante
3,5 l de pulpa de cereza (elaboración anterior)

En una olla introducimos la leche, la nata y la glucosa y lo ponemos al fuego hasta que llegue a 40 °C. Entonces añadimos el azúcar, la leche en polvo y el estabilizante en polvo y lo volvemos a poner al fuego hasta que alcance los 85 °C. Retiramos entonces la olla del fuego y dejamos enfriar la mezcla en la nevera. Cuando se haya enfriado, la mezclamos con la pulpa de cereza y pasamos por la máquina de helados. Reservamos.

begonia roja
haba tonka

MONTAJE

En el centro del plato ponemos una lágrima de ganache de frambuesa, encima 4 galletas de almendra, 4 trozos de pirufresa y, sobre estas, una cucharada de helado de cereza. Cubrimos el helado con el merengue de piruleta y terminamos el plato con pétalos de begonia roja y una ralladura de haba tonka por encima.

LA PIRUFRESA

340 ml de licor amaretto
110 ml de granadina
100 ml de zumo de lima
3,5 g de goma xantana
cerezas

Trituramos todos los ingredientes con un brazo triturador, procurando no introducir aire. Deshuesamos las cerezas y las marinamos al vacío una hora como mínimo. Las reservamos.

EL MERENGUE DE PIRULETA

300 g de piruleta en polvo
300 g de clara pasteurizada

Envasamos la clara con el polvo de piruleta al 100 % de vacío y la cocemos en un baño de agua a una temperatura controlada de 60 °C durante 45 minutos. Colamos y montamos en un robot de repostería con varillas. Pasamos el merengue a una manga pastelera con boquilla lisa de 1 cm y lo reservamos.

Caja frágil de chocolate blanco

EL BAÑO DE CHOCOLATE

700 g de chocolate blanco (35 % MG) de mucha
calidad
150 g de manteca de cacao

Derretimos la manteca y el chocolate (al baño María
o con pequeños golpes de microondas). Después,
mezclamos bien hasta conseguir una textura uniforme. La utilizaremos a 31 °C para bañar los cubos
de caramelo.

EL CUBO DE CARAMELO

1 kg de fondant
500 g de glucosa
500 g de azúcar isomalt
5 gotas de limón

Ponemos el fondant y la glucosa en una cazuela
a fuego medio. Cuando se hayan fundido, añadimos el isomalt y lo llevamos a 159 °C. Apagamos el
fuego y dejamos que la temperatura baje hasta los
130 °C. Agregamos las gotas de zumo de limón y
mezclamos bien. Estiramos la mezcla sobre un tapete de silicona y la satinamos, estirando y doblan-
do la masa para que el caramelo quede brillante.
Con un soplador de caramelo damos forma de cubo
a pequeñas bolas de caramelo mediante moldes de
acero cuadrados. Bañamos con el chocolate por
dentro escurriéndolos al máximo. Guardamos los
cubos en un lugar fresco y sin nada de humedad
hasta el momento de emplatar.

EL *CRUMBLE* DE YOGUR

300 g de mantequilla pomada
225 g de azúcar
5 g de sal
100 g de yema de huevo
500 g de harina
5 g de levadura química
1 cucharada de vainilla
50 g de yogur en polvo

Mezclamos bien la mantequilla, las yemas y la vainilla. Una vez bien mezclados, añadimos el resto de
ingredientes. Luego, estiramos le mezcla en bandejas de horno con papel antiadherente y la cocemos a 180 °C durante 10 minutos. Cuando haya
enfriado, la desmenuzamos bien y la mezclamos
con el yogur en polvo. Reservamos el *crumble* en
un recipiente hermético.

EL CREMOSO DE CHOCOYUZU

300 ml de leche de coco
50 g de huevo
20 g de yema de huevo
70 g de azúcar
200 g de chocolate aromatizado con yuzu
4 g de hojas de gelatina

Hidratamos las hojas de gelatina con un poco de
agua fría. Con la leche de coco, el huevo, las yemas y el azúcar hacemos una crema inglesa hasta
que alcance los 85 °C. Entonces retiramos del fuego y añadimos el chocolate y la gelatina escurrida.
Combinamos todo hasta obtener una crema densa
y brillante, que dejamos enfriar en la nevera para
que tome cuerpo.

LA TEJA DE COCO

400 ml de leche de coco
50 g de azúcar
30 g de harina de tapioca
8 g de hojas de gelatina
60 g de leche de coco en polvo

Ponemos a hervir la leche de coco, el azúcar y la harina de tapioca. Añadimos la leche de coco en polvo y la gelatina previamente hidratada. Disponemos la mezcla en bandejas antiadherentes para deshidratadora y la secamos durante 12 horas. Rompemos las tejas en pequeñas porciones y las reservamos en un recipiente hermético.

EL HELADO DE AVELLANA

1 l de leche entera
630 g de leche en polvo
60 g de azúcar
90 g de glucosa en polvo
20 ml de nata
6 g de estabilizante
120 g de pasta pura de avellana
150 g de praliné de avellana

Ponemos la leche y la nata a calentar. Cuando la mezcla llegue a 40 °C, añadimos la leche en polvo, el azúcar, la glucosa y el estabilizante y lo ponemos a calentar todo otra vez hasta los 85 °C. Después, retiramos del fuego y agregamos la pasta pura de avellana y el praliné de avellana. Dejamos reposar la mezcla en la nevera unas 12 horas. Transcurrido este tiempo, la pasamos por la máquina de helados.

LA ESPUMA DE LECHE SALADA

1,5 l de leche
1 l de nata
8 g de sal
80 g de proespuma

Ponemos la leche y la nata a reducir hasta la mitad. Dejamos enfriar la mezcla. Después, añadimos la sal y la proespuma. La trituramos y ponemos 750 g en un sifón con 3 cargas y dejamos en la nevera.

MONTAJE

En la base del plato ponemos dos lágrimas de cremoso de chocoyuzu, encima el *crumble* de yogur y coronamos con una cucharada de helado de avellana. Rellenamos el 40 % de un cubo de caramelo con la espuma de leche salada y tapamos el postre con él. Encima del cubo colocamos 2 puntos de cremoso de chocolate y fijamos en ellos dos tejas de coco.

La amargura de lo efímero

EL PAPEL DE CAFÉ

400 ml de café
50 g de azúcar
30 g de harina de tapioca
4 hojas de gelatina
40 g de cacao en polvo
café en polvo

Mezclamos el café, el azúcar y la harina de tapioca y lo ponemos a calentar hasta que llegue a 80 °C. Luego, retiramos del fuego y, sin dejar de remover, añadimos las hojas de gelatina, que habremos hidratado previamente, y el cacao en polvo. Estiramos en un tapete de silicona lo más fino posible y espolvoreamos un poco de café. Secamos en el horno a 100 °C durante 40 minutos. Sacamos del horno y dejamos enfriar. Cuando se haya enfriado, guardamos en un recipiente hermético.

LA GANACHE DE CAMPARI

400 g de Campari
200 g de nata
67 ml de glucosa líquida
67 g de azúcar invertido
395 g de chocolate (85 % de cacao)

Calentamos la nata, la glucosa y el azúcar invertido. Una vez caliente, añadimos el chocolate y el Campari y lo guardamos en nevera para que enfríe.

LA MOUSSE DE BERGAMOTA

125 ml de leche entera
6 g de gelatina en hoja
475 g de chocolate negro intenso (70 % de cacao)
6 gotas de esencia de bergamota
500 ml de nata

En el microondas fundimos el chocolate con un poco de leche. Calentamos el resto de la leche y desleímos las hojas de gelatina. Mezclamos la leche con el chocolate y lo montamos en un robot de repostería con varillas. Añadimos la nata y la esencia de bergamota y dejamos que se enfríe en la nevera.

EL BIZCOCHO *COEUR* DE GUANAJA

70 ml de agua
45 g de azúcar
140 g de chocolate Guanaja
150 g de clara de huevo
2 unidades de haba tonka

Mezclamos el agua, el azúcar y el haba tonka, que habremos rallado muy fino. Añadimos la clara de huevo y el chocolate derretido a 30 °C, mezclamos todo y lo ponemos en un sifón con dos cargas. Pasamos la mezcla a un vaso de plástico con tres cortes de tijera en el fondo y lo llenamos hasta la mitad. Lo cocinamos al microondas 50 segundos a 600 w. Terminada la cocción, dejamos enfriar y lo sacamos del vaso. Reservamos.

EL HELADO DE HABA TONKA

1.280 ml de leche entera
72 g de leche en polvo
88 g de azúcar
100 g de glucosa en polvo
80 g de azúcar invertido
12 ml de nata
8 g de estabilizante
360 g de chocolate negro intenso (70 % de cacao)
haba tonka

Mezclamos todos los ingredientes líquidos y los calentamos a 40 °C. Luego, incorporamos todos los ingredientes secos, menos el haba tonka, y los calentamos a 85 °C. Rallamos el haba tonka unas 16 veces con un rallador Microplane y enfriamos la mezcla en la nevera unas 12 horas. Después, la pasamos por la máquina de helados y reservamos en el congelador.

ARCILLA DE CHOCOLATE

200 ml de agua
525 g de chocolate Guanaja (70 % de cacao)
nitrógeno líquido

En un cazo derretimos el chocolate y el agua hasta homogenizar. Vertemos la mezcla en un robot repostero con varillas y batimos a velocidad media para bajar la temperatura. Añadimos nitrógeno líquido poco a poco, hasta conseguir una textura de tierra suelta. Reservamos en el congelador.

EL TOFE DE CARAMELO

500 g de azúcar
400 ml de nata

Con el azúcar hacemos el caramelo y añadimos la nata. Dejamos reducir hasta la mitad y enfriamos en la nevera.

OTROS

sal de vainilla

MONTAJE

En la base del plato montamos 3 puntos de tofe y 3 puntos de ganache de Campari. Espolvoreamos un poco de arcilla de chocolate. En un lado ponemos una *quenelle* de mousse de bergamota y al lado otra de helado de haba tonka. Colocamos 3 trozos de bizcocho *coeur* de Guanaja y terminamos con dos trozos de papel de café y sal de vainilla.

anglebarcelona.com

Calle Aragó, 214,
08011 Barcelona

41°23'18.6

Angle

UNA COCINA QUE TRANSFORMA
Y ACTUALIZA LA TRADICIÓN HASTA LOGRAR
ALGO SINGULAR Y ÚNICO

Buñuelo de ostra
con caviar imperial dorado y jerez

LA OSTRA

ostras de Normandía de tamaño medio
alga kombu seca

Abrimos las ostras y las limpiamos muy bien en su propia agua filtrada. Las ponemos a escurrir en un colador unos 20 o 30 minutos para que la ostra pierda el agua y gane cremosidad. Luego, las disponemos encima del alga kombu seca durante 30 minutos para que terminen de extraer el agua y adquieran el sabor *umami*.

LA MASA DE BUÑUELO

300 g de harina
120 g de azúcar
12 g de miel
3 g de bicarbonato
100 ml de agua
5 huevos

Introducimos todos los ingredientes en un robot de cocina y trituramos hasta obtener una masa homogénea, con precaución de que la masa no coja temperatura.

LAS MIGAS DE PAN A LA MANTEQUILLA

200 g de pan blanco precocido y congelado
100 g de mantequilla fresca
sal y pimienta

Cortamos el pan congelado en dados y lo trituramos en un robot de cocina hasta reducirlo a migas. En una sartén las mezclamos con la mantequilla y las dejamos cocer a temperatura media, hasta que se doren perfectamente. Rectificamos de sal y pimienta, las pasamos por un colador y, a continuación, por papel absorbente para eliminar toda la grasa sobrante. Dejamos enfriar las migas y las reservamos en un recipiente hermético.

EL BUÑUELO DE OSTRA

ostras curadas en kombu (elaboración anterior)
masa de buñuelo (elaboración anterior)
miga de pan a la mantequilla (elaboración anterior)
nitrógeno líquido

Colocamos las ostras en moldes con forma de semiesferas pequeñas y los introducimos unos segundos en nitrógeno líquido para que el exterior se congele, pero conserve la forma. Con una varilla de madera pinchamos las piezas y las sumergimos en la masa de buñuelo. Después, las empanamos en la miga de pan a la mantequilla y las freímos unos segundos en abundante aceite de oliva a 160 °C, hasta conseguir un perfecto buñuelo redondo y dorado. Pasamos los buñuelos por papel antiadherente para eliminar todo el aceite posible y los servimos sin demora.

EL CONSOMÉ DE SETAS PERFUMADO

3,5 l de agua
1,5 l de consomé de gallina asada
400 g de setas congelada (*boletus edulis*)
100 g de cebolleta picada
50 g de chalotas picadas
100 g de mantequilla
50 ml de nata fresca
sal y pimienta blanca
una rama de citronela por cada 200 ml
  de consomé de setas

Separamos los pies y sombreros de las setas congeladas y, con la ayuda de un pelador, pelamos los pies. Ponemos tres litros y medio de agua a hervir con un 5 % de sal. Escaldamos los pies de las setas durante 5 segundos y, a continuación, los sombreros. Enfriamos las setas con agua helada y las picamos en dados de 1 a 2 centímetros. En una sartén pochamos las cebollas en 20 g de mantequilla y en otra doramos los dados de setas bien escurridos hasta que tomen un bonito tono. Entonces añadimos las cebollas pochadas y cubrimos todo con el consomé. Dejamos que cueza 5 minutos y luego añadimos la nata y la mantequilla. Pasamos la mezcla por un robot de cocina hasta obtener una crema. Una vez que se haya enfriado, la congelamos en bolsas de vacío formando placas de 1 centímetro. La noche anterior a terminar la receta, colocamos una placa en una bolsa de tipo superbag y dejamos que se descongele sobre una bandeja GN perforada. Colocamos este conjunto entre dos bandejas GN ciegas, una para recoger el consomé y otra para evitar que el jugo se ensucie o tome sabores de la nevera. Antes de terminar el plato, damos un hervor al consomé y le añadimos la citronela picada, rectificamos de sal y pimienta y dejamos que infusione 15 minutos a 90 °C. Colamos la infusión y, antes de utilizarla, le damos de nuevo un hervor a 90 °C.

LA SALSA DE SETAS, JEREZ Y CAVIAR

250 ml de consomé de setas (elaboración anterior)
115 g de mantequilla
1,2 g de goma xantana
35 ml de vino de Jerez (Tío Pepe en Rama)
unas gotas de lima
15 g de caviar Imperial dorado por ración

Con un brazo eléctrico mezclamos el consomé con la xantana procurando no introducir aire. Para reducir un poco el consomé texturizado, añadimos la mantequilla y lo ligamos con la ayuda de una varilla hasta obtener una salsa untuosa y brillante. Por último, perfumamos la salsa con el vino de Jerez.

Ponemos la salsa para 2 comensales a calentar, la retiramos del fuego. Esperamos 10 o 15 minutos y añadimos unas gotas de zumo de lima y finalmente el caviar, sin remover en exceso para no romper las perlitas. Es importante que, durante el servicio, la temperatura de la salsa no sea excesiva, ya que podría cocinar el caviar, con lo que se perdería el aroma del jerez y de la lima.

MONTAJE

Colocamos en los platos las conchas de ostra perfectamente limpias y pulidas con un poco de sal o algas para darles soporte. En una de las conchas colocamos 15 g de caviar imperial dorado y dos cucharadas soperas de salsa de jerez; en la otra concha, un buñuelo de ostra. Servimos sin demora.

Coral marino con erizos y gambitas

LA ESPONJA DE TOMATE

212 g de tomate natural triturado
53 g de harina
212 g de yema de huevo
318 g de clara
5 g de sal
5 g de levadura Royal
80 g de azúcar

Trituramos todos los ingredientes en un robot de cocina durante 2 minutos a máxima potencia. Colamos la mezcla y la vertemos en un sifón de 1 litro (llenándolo hasta la mitad). Incorporamos 3 cargas de sifón y lo dejamos reposar dos horas en la nevera. Después, practicamos tres cortes pequeños en la base de unos vasos de plástico que aguanten el calor y los llenamos hasta la mitad con la espuma del sifón. Los introducimos en el microondas de uno en uno a 600 W durante 1 minuto. Cuando se hayan enfriado los vasos, los desmoldamos y dejamos reposar la esponja en la secadora durante un día. Finalmente, la rompemos en pequeños trozos que se puedan comer de un solo bocado.

LA MANTEQUILLA DE RAMALLO

30 g de mantequilla
3 g de alga codium seca (deshidratada y molida)

Ponemos la mantequilla a punto de pomada. Incorporamos el polvo de codium y removemos con una varilla hasta que quede completamente integrado.

EL ERIZO

2 erizos de mar

Con la ayuda de unas tijeras abrimos el erizo y reservamos únicamente las yemas de color naranja. Las limpiamos a fondo para eliminar cualquier resto de suciedad, o incluso alguna púa, y las reservamos, ya que nos servirán para coronar nuestra esponja.

LA CABEZA DE GAMBA FRITA

4 unidades de gamba pequeña

Cortamos la cabeza de la gamba con unas tijeras, de tal forma que quede separada de las patas. Sacamos el coral de la gamba con una espátula pequeña y lo reservamos. Enharinamos la cabeza y las patas y las freímos hasta que queden bien crujientes.

EL CORAL DE GAMBA

100 g de coral de gamba (elaboración anterior)
60 ml de aceite de oliva
40 g de chalota
30 g de armañac
300 ml de agua
25 g de gambas secas (gambitas deshidratadas 12 horas en una secadora a 55 °C)
1 g de sal
1 cucharada de goma gellan

Picamos la chalota en brunoise fina y, en un cazo, la sofreímos sin darle demasiado color. Una vez que adquiera el color deseado, añadimos el coral y rehogamos todo el conjunto. Después, agregamos el armañac y lo reducimos. A continuación, vertemos el agua y las gambas secas y lo dejamos hervir a fuego flojo unos 10 minutos. Pasamos todo por un colador fino. Luego, incorporamos la cantidad de gellan que corresponda (1,5 g de gellan por 200 ml de mezcla) y llevamos el conjunto a ebullición, moviendo con una varilla para integrar la goma hasta que hierva. Dejamos enfriar la mezcla. Una vez fría, la trabajamos con un brazo triturador hasta obtener una crema, que reservamos.

MONTAJE

Colocamos dos elementos sobre el coral. Primero, con la ayuda de una manga pastelera, ponemos la mantequilla sobre el bizcocho de tomate y, encima, la yema de erizo. En segundo lugar, introducimos la crema de coral en un biberón para rellenar la cabeza de la gamba frita. Cerramos la cabeza con las patitas de las gambas también fritas. Por último, colocamos ambos elementos sobre el coral marino, procurando fijarlos bien para evitar que se caigan en el recorrido hasta la mesa.

Bosque «tierra»

PARA EL JUGO DE POLLO CONCENTRADO

1,5 carcasas y huesos de pollo
2 l agua mineral
200 ml vino de Oporto
100 ml coñac o brandy
2 cebolletas
1 cebolla
1 ramita de apio
½ parte blanca de un puerro
5 ajos morados
1 hoja de laurel
1 ramita de tomillo
50 g de mantequilla
sal
pimienta

Cortamos las carcasas a pedazos regulares y las desangramos en agua muy fría 5 minutos. Colocamos en una fuente amplia para asar. Cocemos a 180 ºC hasta que las carcasas queden bien asadas. Hacemos una bresa con las verduras peladas y las salteamos en una sartén con aceite hasta que tomen color. Cuando las carnes estén bien tostadas, añadimos las verduras salteadas y cocemos unos minutos más. Desglasamos la fuente con los licores y rectificamos. Pasamos el conjunto a una olla con el agua. Cocemos un par de horas a fuego moderado y filtramos por un chino. Reducimos la salsa con la mantequilla hasta obtener un jugo con textura bien concentrado.

EL CRIO DE CEPS

1,5 l de caldo de pollo
100 g de cebolla de Figueres
100 g de mantequilla
100 ml de nata fresca
400 g de setas (*boletus edulis*)
50 ml de salsa de soja

Cortamos la cebolla *grosso modo*, la sofreímos y reservamos. Por otro lado, pelamos los tallos de las setas, los cortamos en cuadrados de unos 3 cm y horneamos con mantequilla hasta que estén bien dorados. Luego, agregamos las setas a la cebolla y sofreímos todo el conjunto unos minutos. Después, vertemos el caldo de pollo y hervimos todo durante unos 15 minutos. En cuanto haya pasado este tiempo, añadimos la nata y lo dejamos hervir 10 minutos más. Por último, incorporamos la mantequilla y, fuera del fuego, la soja y trituramos hasta que quede bien fino. Una vez triturado y bien frío, lo envasamos en bolsas grandes y lo congelamos con intención de formar una placa grande. Cuando se haya congelado, sacamos la placa de la bolsa y la colocamos sobre una malla fila de filtrado encima de una bandeja con agujeros, sin olvidarnos de poner otra por debajo, que será la que recoja el agua vegetativa que se va precipitando mientras se descongela. Tapamos el conjunto con plástico alimentario y lo dejamos en la nevera con temperatura positiva, hasta que la placa congelada haya soltado todo el líquido. Nos quedamos con el líquido y desechamos la otra parte.

LOS TRONCOS DE BONIATO

1 kg de boniato o batata dulce
250 g de mantequilla
50 g de trufa negra rallada

Cocemos los boniatos en agua, los sacamos con la ayuda de una araña y, todavía en caliente, retiramos la piel con una espatulina. Reservamos la carne para la siguiente elaboración e introducimos la piel en una deshidratadora durante 24 horas. Una vez seca, la freímos y le damos forma de tronco mediante unas pinzas. Pomamos la mantequilla y la combinamos con la trufa rallada. Usamos esta mezcla para rellenar nuestro tronco con una manga pastelera.

LAS HOJAS DE BONIATO

600 g de carne de boniato (elaboración anterior)
120 g de harina de tapioca
1 kg de mantequilla

Para la mantequilla tostada (o *noisette*), ponemos 1 kg de mantequilla a fuego lento, hasta conseguir que se tueste y aparezcan esos aromas característicos a frutos secos. Para el puré de boniato, en un robot de cocina con temperatura trituramos la carne del boniato cocido de la elaboración anterior y vamos incorporando la mantequilla. En un cazo llevamos a ebullición el puré con la harina de tapioca bien mezclados y extendemos la masa resultante sobre un tapete de silicona con la forma de las hojas. Ponemos las hojas a secar en el deshidratador a 55 °C durante 24 horas. Las reservamos en un recipiente hermético.

EL PAN SARDO

500 g de harina de trigo de fuerza
250 ml de agua templada
3 g de levadura de panadería seca
8 g de sal
5 g de azúcar

En un robot de pastelería amasamos todos los ingredientes, hasta conseguir una masa uniforme. Dejamos que fermente en un bol, untado con un poco de aceite, durante 1 hora. Lo tapamos con un paño húmedo. Una vez fermentada, estiramos la masa lo más fina posible sobre una fuente con un tapete de silicona, ligeramente engrasado, y horneamos a 220 °C durante 15 minutos.

LA MANTEQUILLA DE HIERBAS

20 g de eneldo
380 g de rúcula
15 g de tomillo deshojado
100 g de pamplina
2 g de goma xantana
500 g de mantequilla semisalada

En primer lugar, trabajamos la mantequilla con guantes hasta que alcance la temperatura corporal y adquiera textura de pomada. A continuación, escaldamos ⅔ de las hierbas unos segundos, las enfriamos en agua helada y, después, las licuamos. Texturizamos el licuado con la xantana y la ayuda de un brazo triturador. En un robot de cocina trituramos el tercio restante de hierbas junto con la mantequilla. Incorporamos el licuado texturizado al resultado de esta mezcla. Enfriamos la mantequilla en la nevera en un recipiente hermético.

MONTAJE

Colocamos tres elementos sobre nuestro falso bosque. En primer lugar, rellenamos los troncos de piel de boniato con la mantequilla de trufa y los disponemos sobre nuestro bosque, simulando así un camuflaje. Luego, freímos las hojas de boniato en aceite templado para darles la forma deseada y las colocamos también sobre nuestro bosque. En tercer lugar, cortamos nuestro pan sardo en trozos del tamaño de un bocado y, sobre este, rallamos nuestra mantequilla de hierbas, con lo que la elaboración adquiere la apariencia de musgo.

Para terminar de redondear nuestro plato, y a modo de hilo conductor, servimos nuestro crio de setas caliente para ir bebiéndolo mientras se come.

Cinta frita con holandesa de ramallo

LA CINTA

4 cintas de unos 25 cm

Fileteamos las cintas de ambos lomos y reservamos los lomos y la cabeza por un lado y la espina por otro. Haremos una salsa de cinta con los primeros y freiremos la espina. Con la ayuda de un cilindro de acero inoxidable, ponemos en un extremo del cilindro la parte de la espina más próxima a la cabeza y la fijamos con un clip. La giramos para que adquiera forma de espiral y la fijamos al otro extremo del cilindro con otro clip. Luego, la freímos sin que se queme hasta que el aceite deje de burbujear. Una vez que se haya enfriado, sacamos la cinta del cilindro y la reservamos en la deshidratadora a 50 °C.

LA SALSA DE CINTA

2 kg de lomos y cabezas de cinta
4 litros de agua
3 cebollas grandes
1 cabeza de ajos
300 ml de vino blanco

En una olla rehogamos la cebolla y el ajo hasta conseguir un color bastante intenso. Seguidamente incorporamos el vino blanco y reducimos. En cuanto haya reducido, agregamos el pescado y el agua. A continuación, hervimos todo el conjunto 40 minutos. Transcurrido este tiempo, colamos bien el caldo para eliminar impurezas y lo ponemos a reducir al fuego hasta obtener una salsa de color chocolate.

LA HOLANDESA DE CINTA

150 g de mantequilla clarificada
45 ml de salsa de cinta (elaboración anterior)
2,6 g de sal
1 yema de huevo
1 huevo
50 ml de agua

En una bolsa pequeña introducimos el huevo, la yema y el agua y lo cocinamos en un baño de agua caliente a 62,5 °C durante 20 minutos. Calentamos la mantequilla clarificada y la salsa de cinta. En un sifón ponemos la mantequilla clarificada caliente, la salsa de cinta caliente, la sal y la bolsa del huevo después de cocinarla. Incorporamos un par de cargas al sifón y movemos enérgicamente hasta que salga una espuma densa, caliente y perfectamente ligada. La reservamos en un baño caliente a 50 °C.

LA MANTEQUILLA DE RAMALLO

30 g de mantequilla
30 g de ramallo de mar (alga codium)

Colocamos el alga en una deshidratadora a 50 °C, hasta que esté perfectamente seca. La dejamos enfriar y, a continuación, la trituramos bien fina en un robot de cocina hasta reducirla a polvo. Ponemos la mantequilla a punto de pomada. Después, la combinamos con 3 g de polvo de codium, moviendo la mezcla con una varilla hasta que se integre por completo.

EL LIMÓN «MARROQUÍ»

300 ml de agua de mar
3 cm de canela en rama
¼ de anís estrellado
⅙ vaina de vainilla
3 cardamomos
3 bolas de pimienta
1 clavo de olor
4 limones

En un mortero machacamos un poco las especias y las reservamos. En un cazo calentamos el agua de mar, hasta que rompa a hervir. En cuanto lo haga, retiramos del fuego y añadimos todas las especias para que infusionen. Pelamos los limones con un pelador haciendo trozos lo más grandes posible y eliminamos toda la parte blanca de la cáscara. Juntamos en frío las pieles con el agua de mar especiada y dejamos que marine durante 4 días. Cortamos la piel de limón en juliana fina y ponemos un par de trozos encima de la cinta.

MONTAJE

Colocamos sobre el plato un punto de mantequilla para evitar que se mueva la cinta. Sobre la cinta, tres puntos de mantequilla y, encima, el limón marroquí.

En un cuenco colocamos la salsa holandesa. Acabamos espolvoreando con el ramallo en polvo.

Nigiri de calamar y piel de atún con mostaza japonesa y wasabi

EL NIGIRI

1 calamar de unos 400 g
mirin
sal

Quitamos la piel, las aletas, el pico, los interiores y las patas del calamar. Nos quedamos solo con el cuerpo, bien limpio y seco. Cortamos el calamar en 3 trozos a lo ancho, los colocamos uno encima del otro y los congelamos. Una vez congelados, los pasamos por un cortafiambres a modo de tallarines. Sin que se descongelen, los picamos a cuchillo, intentando que queden del tamaño de un grano de arroz. Una vez descongelado el calamar, lo aliñamos con un poco de mirin y sal y lo dejamos atemperar sobre una mesa caliente hasta que esté ligeramente tibio. Con la ayuda de dos cucharas le daremos forma de nigiri.

LA SALSA DE ANGUILA

5 kg de cabezas y espinas de anguila
5 l de salsa de soja
5 l de agua
2,5 kg de azúcar
1 g de goma xantana

Limpiamos muy bien las espinas y cabezas de anguilas y las desangramos en agua fría con hielo. Una vez limpias, mezclamos todos los ingredientes en una olla y los llevamos a ebullición durante 45 minutos a fuego suave. Colamos, texturizamos con la xantana y dejamos que reduzca a la mitad. Luego, pasamos la salsa por un colador para que no queden grumos.

LAS PIELES DE ATÚN

100 g de piel de atún escamada (la parte grasa)
20 ml de salsa de anguila (elaboración anterior)

Envasamos las pieles en una bolsa de vacío y las cocinamos en un baño de agua caliente a 85 °C durante 4 horas. Transcurrido este tiempo, las quemamos con un soplete hasta que se forme una pequeña costra que podamos quitar con facilidad. Nos quedamos entonces con la parte grasa. La pintamos con la salsa de anguila y seguimos sopleteando hasta que la salsa se dore y quede bien adherida a la piel. Por último, la cortamos del tamaño justo para que cubra nuestro nigiri. Practicamos el mismo corte que le haríamos a un lomo de atún para sushi.

OTROS

mostaza japonesa
brotes de berro
wasabi fresco

MONTAJE

Disponemos nuestro nigiri de calamar sobre un plato. Encima del nigiri colocamos la piel de atún atemperada en la salamandra. Con un pincel salseamos ligeramente la piel con salsa de anguila. Coronamos con mostaza japonesa y brotes de berro y lo acompañamos de wasabi fresco.

Agua de chiles con tomate verde y pequeña moluscada

EL AGUACHILE

400 g de tomate verde
280 g de maracuyá fresca
300 g de pepino con piel y sin semillas
150 ml de zumo de lima
8 g de cilantro
18 g de cebolla roja
2 g de ácido ascórbico
sal

En un recipiente grande introducimos todos los ingredientes, salvo el ácido ascórbico y la sal, y, con la ayuda de un túrmix, trituramos todo hasta que quede fino. Seguidamente depositamos la mezcla en una superbag o una estameña y colamos. Añadimos el ácido ascórbico y lo ponemos a punto de sal. Reservamos el aguachile en frío.

LA EMULSIÓN DE AGUACATE

460 g de aguacate
2 g de ácido ascórbico
20 ml de zumo de lima
1 cucharada de sal

Introducimos todos los ingredientes en un vaso medidor y lo emulsionamos con la ayuda de un brazo triturador. Reservamos la emulsión en la nevera.

LAS BOLITAS DE TEMPURA CRUJIENTES

300 ml de agua con gas
200 g de harina de trigo
3 g de bicarbonato de sodio
2 g de sal
500 ml de aceite de girasol
pimienta de Espelette en polvo

Mezclamos todos los ingredientes (menos el aceite y la pimienta) con la ayuda de unas varillas y pasamos la mezcla por un colador fino. Después, rellenamos un biberón con la mezcla y, con el aceite calentado entre 130 y 140° C en un cazo alto, vamos a dejar precipitar la masa en forma de gotitas con la ayuda del biberón. A continuación, sacamos el exceso de grasa de las bolitas con papel absorbente y las rebozamos en la pimienta de Espelette en polvo.

LA CABALLA CURADA Y MARINADA

4 kg de caballas (entre 300-350 g cada una)
2 kg de sal
250 ml de salsa yondu
110 ml de agua mineral
250 ml de mirin
200 ml de aceite de girasol

Fileteamos la caballa y retiramos las espinas con unas pinzas. La secamos con papel absorbente y la cubrimos con sal durante 45 minutos. Luego, la lavamos y volvemos a secarla. Mezclamos el agua, la salsa yondu y el mirin. Cubrimos la caballa con este preparado y la dejamos reposar 45 minutos más. Después, la escurrimos y sacamos la telilla de la piel con un cuchillo. Reservamos en aceite de girasol.

OTROS

4 ostras de tamaño mediano
10 cebollitas platillo encurtidas
3 brotes de cilantro
2 tomates verdes
semillas de maracuyá
flores de penta blanca
aceite de oliva virgen extra

Abrimos las ostras y las cortamos en trozos pe-queños. Con la ayuda de un cuchillo sacamos las yemas del tomate verde. Reservamos las ostras y las yemas de tomate en la nevera. Cortamos las cebollitas por la mitad y separamos por los pétalos. Extraemos unas puntas de penta blanca y brotes de cilantro y lo reservamos en frío hasta el momento del montaje.

MONTAJE

En un plato disponemos 3 trozos de caballa, 2 trozos de ostra, 1 yema de tomate verde y unas 3 semillas de maracuyá. Colocamos unos puntos de la emulsión de aguacate, los pétalos de cebollita encurtida sobre los puntos de aguacate, 3 brotes de cilantro y 1 flor de penta blanca. En el centro, sobre un punto más elevado, adornamos con las bolitas crujientes. Para terminar, vertemos el zumo del aguachile sobre un costado (unos 30 ml) y fina-lizamos con unas gotas de aceite de oliva virgen extra.

La ostra azul con nieve de escabeche japonés

LA NIEVE DE MANZANA

15 manzanas Granny Smith
10 g de ácido ascórbico
1 hoja de gelatina

Cortamos la manzana en 8 partes, le quitamos las pepitas y espolvoreamos con ácido ascórbico. Lo licuamos y lo dejamos reposar hasta que la pulpa y el agua se separen. Una vez reposado, lo pasamos por un colador forrado de papel para extraer toda el agua. Cogemos 500 ml de esa agua y ½ hoja de gelatina hidratada previamente. Calentamos una ¼ parte de esa agua para diluir la gelatina, la incorporamos al agua restante, mezclamos y congelamos en un vaso de Pacojet.

LA NIEVE DE FICOCIANINA

500 ml de agua
25 ml de vinagre de arroz
30 ml de salsa Jang
100 g de ramallo de mar
1 hoja de alga nori
1 citronela
10 g de alga kombu
1 g de ficocianina
2 g de hoja de gelatina

Calentamos todos los ingredientes, menos la salsa Jang, el vinagre de arroz y la ficocianina. Cuando hierva, apagamos el fuego, tapamos y dejamos infusionar 10 minutos. Luego, colamos y dejamos enfriar en la nevera. Le añadimos la salsa Jang, el vinagre de arroz y la ficocianina. Hidratamos ½ hoja de gelatina y calentamos 50 ml del líquido obtenido.

Añadimos la hoja de gelatina hidratada y mezclamos con los otros 450 ml restantes (el líquido no puede estar a más de 60 ºC). Congelamos en vasos de Pacojet.

EL ACEITE DE APIO LIOFILIZADO

5 manojos de apio
450 ml de aceite MCT
nitrógeno líquido

Sacamos las hojas de los manojos de apio y las liofilizamos durante 1 día. Una vez secas en la liofilizadora, las ponemos en un mortero, añadimos nitrógeno y removemos para obtener un polvo. A continuación, mezclamos 20 g del polvo de apio con el aceite MCT. Combinamos bien y reservamos el aceite en un tarro hermético.

OTROS

ostra francesa
hojas tiernas de apio

MONTAJE

Colocamos la ostra en un plato. Pasamos por la Pacojet las dos nieves y encima de la ostra ponemos la mitad de nieve de manzana y la otra mitad de nieve de ficocianina. Rociamos un poco de aceite de apio por encima de las nieves y decoramos con hojas tiernas de apio.

Calçots quemados con romesco y carbón de ajo negro

LOS CALÇOTS

8 calçots de tamaño medio
sal y pimienta
aceite

Ponemos los calçots directamente a la llama. Una vez quemados, los envolvemos en papel de periódico y los dejamos enfriar. Luego, los pelamos, los envasamos con un poco de aceite y los cocemos a 85 °C durante 25 minutos. Después, los cortamos en trozos de 4 cm aproximadamente y los ahumamos con el mismo asado en la parrilla o fuera de esta, encima de las ascuas con un poco de madera nueva un poco húmeda.

LA ROCA DE AJO NEGRO

Para 2 sifones:
300 g de ajo negro
300 g de yema de huevo
600 g de claras
180 g de azúcar isomalt
11 g de sal
9 g de levadura Royal
90 g de harina
5 g de colorante negro en polvo

En un robot de cocina trituramos todos los ingredientes hasta conseguir una masa líquida homogénea. La pasamos a un sifón y le incorporamos 2 cargas de gas. Llenamos un vaso de plástico hasta la mitad con la espuma del sifón y lo introducimos en el microondas a 600 W durante 45 segundos. Después, cuando se haya enfriado, extraemos la roca del vaso y la metemos en la deshidratadora hasta que quede completamente seca.

Con esta roca de ajo negro haremos un polvo para cubrir la base y rocas de bocado simulando el carbón de una brasa.

LA BASE DE ALGINATO

12 g de alginato de sodio
2 l de agua mineral
colorante negro

Mezclamos el agua, el alginato y el colorante en un túrmix. Después, lo pasamos por un colador fino. Dejamos reposar la mezcla en la nevera unas horas hasta que pierda todo el aire introducido con el túrmix y para que se hidrate bien el alginato. La cantidad de colorante dependerá de la recomendación del fabricante.

LAS ESFERAS DE ROMESCO

200 g de cebolla de Figueras
65 g de avellanas
65 g de almendras
725 g de tomate
25 g de ajo
25 g de ñoras
10 ml de vinagre de Jerez
16 g de gluconolactato
baño de alginato con colorante negro
  (elaboración anterior)
aceite de almendras tostadas y avellanas
aceite de oliva
sal y pimienta

LA CENIZA

5 g de maltodextrina
polvo de carbón activo

Mezclamos los dos ingredientes hasta que se asemejen a la ceniza real.

EL ROMESCO DE CHILES

20 g de romesco (elaboración anterior,
 pero sin el gluconolactato)
4 g de pasta de curry rojo

Mezclamos ambos ingredientes y los pasamos a un biberón, con el que dibujaremos unos puntos en la base del plato, que se camuflarán con el resto de ingredientes.

Remojamos la ñora con un poco de agua. Cocemos al horno, es decir, escalivamos, todas las verduras a 180 °C hasta que estén ligeramente asadas, cocidas y hayan perdido gran parte de su agua vegetativa. Asamos los tomates directamente con sal y un chorrito de aceite; aliñamos de igual modo las cebollas, pero cubiertas en papel de aluminio. Cocemos los ajos igual que las cebollas, pero con mantequilla, en vez de aceite, y pelados. Cocinadas todas las verduras, las pelamos si es necesario y las pasamos por un robot de cocina hasta formar una pasta fina. Por otro lado, tostamos los frutos secos y hacemos un praliné junto al aceite de avellana. Dejamos enfriar el puré de verdura y el praliné. Después, añadimos el vinagre de Jerez y trituramos la pasta de verduras y el praliné con un túrmix, hasta que quede bien fino, y emulsionamos con aceite de oliva para conseguir la textura deseada. Rectificamos de sal y pimienta. Incorporamos el gluconolactato y le sacamos el aire en la máquina de envasar. Con la ayuda de una cuchara de esferas, formamos esferas de romesco. Como el baño de alginato es negro, las bolas quedarán totalmente negras. Reservamos las esferas en una mezcla de aceite de avellana y almendra tostada.

MONTAJE

En la base del plato dibujamos un punto del romesco de chiles y lo cubrimos con polvo de ajo negro. Colocamos una esfera de romesco y la tapamos con las rocas de ajo negro. Sobre este falso carbón ponemos nuestro calçot y terminamos difuminando la maltodextrina para simular así el efecto de ceniza.

Buñuelo ibérico
con cigalas al estragón
y consomé de lomo al jerez

LA MASA DEL BUÑUELO

8 g de levadura fresca
20 g de azúcar lustre
160 ml de agua tibia
280 g de harina de trigo
100 g de almidón de trigo
70 g de azúcar lustre
30 g de manteca de cerdo
30 g de pasta curry rojo
10 g de impulsor
10 ml de agua tibia

Vamos a usar tres boles. En uno mezclamos la levadura con 20 g de azúcar lustre y 160 ml de agua tibia; en otro, el impulsor y el agua tibia de 10 ml y en el tercero, el resto de ingredientes. Luego, combinamos las tres elaboraciones en un mismo bol hasta lograr una masa homogénea. La pasamos a la mesa y la trabajamos unos minutos hasta que nos quede una masa lisa y que no se pega a la superficie. Colocamos la masa en un recipiente, que habremos untado con una gota de aceite, y dejamos que fermente durante 30 minutos a temperatura ambiente y cubierta con plástico alimentario. Después, la reservamos en frío.

LA SALSA DE CERDO

1 kg de espinazo de cerdo
500 g de recortes de cerdo
1 pie de cerdo
250 g de cebolla
100 g de puerro
1 zanahoria
2 tomates maduros
1 rama de apio
25 g de ajo
100 ml de vino tinto
100 ml de coñac
mantequilla en flor

Troceamos el espinazo, los recortes y el pie de cerdo y los asamos en una cazuela hasta que tomen un bonito color tostado. Cortamos las verduras en trozos regulares y las vamos añadiendo, primero los ajos, luego las zanahorias y, por último, las cebollas. Cuando se hayan dorado, agregamos el puerro y el apio. Dejamos cocer a fuego vivo y terminamos incorporando los tomates. Asadas las verduras, desglasamos con los licores y mojamos hasta cubrir bien con el agua. Cocemos a fuego suave de 4 a 5 horas. Terminada la cocción, filtramos el jugo y lo reducimos con un poco de mantequilla hasta obtener una salsa potente y untuosa. Rectificamos de sal y pimienta.

EL RELLENO DEL BUÑUELO

3 kg de lágrima ibérica
3 kg de sal
2 kg de azúcar
50 g de pimentón de La Vera dulce
salsa de cerdo (elaboración anterior)
masa de buñuelo (elaboración anterior)

Marinamos la lágrima ibérica durante 24 horas en una mezcla de sal, azúcar y pimentón. Después, la lavamos bien con agua, la secamos y la cocinamos al vapor durante 4 horas a 64 °C. Una vez cocinada la carne, la picamos a cuchillo y la ligamos con la salsa de carne para así poder realizar bolas de 8 g, que congelamos. Con 15 g de masa envolvemos nuestra bola de 8 g de lágrima ibérica congelada para reservarla en frío hasta su utilización.

EL FUMÉ DE PESCADO

1 kg de cintas de mar
1,2 l de agua
1 cebolleta
1 ajo
1 ramita de apio
la parte blanca de 1 puerro
100 ml de vino blanco

Cortamos todas las verduras en dados regulares. En una cazuela las combinamos con el pescado y el agua y lo dejamos hervir a fuego suave 15 minutos. Lo ponemos a infusionar fuera del fuego otros 15 minutos. Colamos el fumé y lo reservamos.

LA SALSA DE CIGALAS

1 kg de cabezas y cáscaras de cigalas
1 ajo
1 cebolleta
200 g de tomate rallado
1 hoja de laurel
1 cayena
1 g de pimentón de La Vera
100 ml de brandy
fumé de pescado (elaboración anterior)
2 g de goma xantana
1 nuez de mantequilla

En una cazuela doramos el ajo y la cebolleta junto con la cayena y el laurel. En ese mismo aceite salteamos las cabezas y las cáscaras de las cigalas. Incorporamos el tomate y dejamos sofreír bien. Después, agregamos el pimentón, rehogamos un poco y añadimos el brandy, pero no lo flambeamos, ya que, si lo hiciéramos, quemaríamos las antenas y cáscaras del marisco, con lo que nuestra salsa quedaría amarga. Añadimos nuestro fumé de pescado y lo dejamos hervir lentamente de 45 minutos a una hora. Lo colamos y ponemos a reducir el fondo con la xantana hasta conseguir una salsa sabrosa y densa. Por último, ligamos la salsa con la mantequilla.

EL TSUKANDANI

75 g de shiitake seco
100 g de alga kombu
400 g de shiitake fresco
50 ml de sake
20 g de glucosa
250 ml de salsa de soja baja en sal
5 ml de mirin
1 raíz de citronela
10 g de jengibre picado
20 g de azúcar
1 g de goma xantana

Remojamos el shiitake seco en agua fría durante una hora, hasta que se hidrate. Hacemos lo mismo con el alga kombu. Luego, la picamos en dados regulares de 1,5 cm. Cortamos el shiitake fresco en tiras de 1 cm. En una cazuela amplia disponemos todos los ingredientes y los ponemos a cocer, hasta que se hayan reducido y apenas tengamos caldo en el fondo de la cazuela. Pasamos el guiso de setas y algas a un tapete para deshidratador y secamos a 55 °C, hasta que esté totalmente seco. Reservamos el tsukandani en un recipiente hermético y seco.

CALDO DE LOMO IBÉRICO

100 g de lomo ibérico
300 ml de agua
15 g de tsukandani (elaboración anterior)
3 g de alga kombu seca

Introducimos el lomo en la secadora hasta que se reduzca a una tercera parte. Luego, lo cocinamos junto con el agua, el tsukandani y el alga durante 10 minutos a fuego suave, para después colar y servir delante del cliente.

OTROS

brotes de mizuna
colitas de cigala
fondo de cerdo (elaboración anterior)
shichimi togarashi
hojas de estragón
vino de Jerez

MONTAJE

Como se ha indicado anteriormente, cocinamos el caldo de lomo ibérico delante del cliente. Mientras tanto, preparamos nuestro buñuelo de carne en una vaporera durante 11 minutos.

En un plato saldrá el buñuelo de carne acompañado de una brocheta de bambú con tres colitas de cigala, marcadas a la brasa y pintadas ligeramente con salsa de cerdo. Espolvoreamos la brocheta con un poco de shichimi togarashi. Terminamos el plato con brotes de mitzuna y unas hojas pequeñas de estragón. El camarero cuela el caldo y lo sirve en una copa, que rocía con jerez. Después, vierte el fondo de cigala sobre el buñuelo y termina decorando con 3 puntas de estragón sobre las cigalas.

Espeto de sardina a la brasa de ajo negro con alioli

LA SARDINA

4 sardinas mediterráneas medianas muy frescas
polvo de Activa® GS para pescado
  (transglutaminasa)

Sacamos la cabeza y la tripa a las sardinas y las limpiamos bien de escamas. Extraemos la espina central y desespinamos las sardinas con la ayuda de unas pinzas. Reservamos para freírlas luego. Con la ayuda de un colador, espolvoreamos ligeramente una capa fina de Activa® GS sobre los lomos y dejamos actuar en la nevera hasta que estén pegados. Entonces los ensartamos en una brocheta de bambú y los marcamos a la brasa, potenciándola con unas gotas de aceite.

EL PURÉ DE BERENJENA

1 berenjena blanca rallada
20 ml de aceite
sal
pimienta

Horneamos la berenjena a 180 °C durante 30 minutos. Seguidamente la colocamos a la llama directa de la brasa hasta quemar toda la piel. Una vez fría, la pelamos y recuperamos toda la pulpa. La trituramos en un robot de cocina y la emulsionamos con el aceite hasta hacer un puré bien fino. Salpimentamos al gusto.

LA ROCA DE AJO NEGRO

150 g de ajo negro
150 g de yema de huevo
300 g de claras
90 g de azúcar isomalt
6 g de sal
5 g de levadura Royal
45 g de harina
2,5 g de colorante negro en polvo

En un robot de cocina trituramos todos los ingredientes hasta conseguir una masa líquida homogénea. La pasamos a un sifón y le incorporamos 2 cargas de gas. La dejamos reposar en la nevera un mínimo de 2 horas. Llenamos un vaso de plástico hasta la mitad con la espuma del sifón y lo introducimos en el microondas a 600 W durante 45 segundos. Después, cuando haya enfriado, extraemos la roca del vaso y la metemos en la deshidratadora hasta que quede completamente seca.

Con esta roca de ajo negro haremos un polvo para cubrir la base y rocas de bocado simulando el carbón de una brasa.

LA ESPINA FRITA

Usamos las espinas de sardina que hemos recuperado de la espina central al limpiar las sardinas del espeto en la elaboración anterior. Freímos la espina en un cazo con aceite de oliva caliente a fuego medio hasta que deje de burbujear. Escurrimos bien el aceite y mantenemos en una deshidratadora a 50 °C. Cuando vayamos a servir, espolvoreamos un poco de sal muy fina.

EL ALIOLI DE SARDINA

Para el aceite:
500 ml de aceite de girasol
250 g sardina sin tripa

Para el alioli:
½ diente de ajo
500 ml de aceite de sardina (elaboración anterior)
1 yema de huevo
sal

Para elaborar el aceite, asamos las sardinas. Después, las metemos en una bolsa de vacío con el aceite de girasol. Cocinamos durante 12 horas a 70 °C. Las colamos y dejamos enfriar.

Para elaborar el alioli, machacamos el ajo con un poco de sal en un mortero hasta que hagamos un puré. Agregamos una yema de huevo para obtener una pasta homogénea. Vamos añadiendo a hilo el aceite de sardina poco a poco, emulsionándolo con la maza del mortero.

LA CENIZA

5 g de maltodextrina
polvo de carbón activo

Mezclamos los dos ingredientes hasta que se asemejen a la ceniza real.

OTROS

aceite de humo
sal

MONTAJE

Sobre un plato colocamos el puré de berenjena y lo cubrimos con polvo y rocas de ajo negro. Para aportar el efecto de brasa, espolvoreamos la ceniza. Depositamos una pequeña cucharada de alioli sobre la espina de la sardina. Cocinamos las sardinas espetadas en la salamandra con aceite de humo y sal. Las terminamos en la propia barca, dándoles un toque de llama con un soplete.

Lenguado con *meunière* de calamares, pieles cristal y caviar

700 g de calamar limpio de alas, patas y piel
1 l de agua
½ hoja de laurel
½ diente de ajo
5 granos de pimienta
2 g de piel de naranja
210 g de mascarpone
mantequilla
1 g de xantana

Para el gel de parmesano:
33 g de arroz
250 ml de agua
20 g de parmesano

En primer lugar, hervimos el arroz con el agua hasta sobrepasar la cocción; luego, lo trituramos con el parmesano hasta conseguir una pasta sólida, un gel.

En una bolsa de cocción introducimos el calamar cortado en cuadrados de unos 3 x 3 cm, junto con el agua, el laurel, la pimienta, el ajo y la naranja. Lo ponemos en el horno a vapor o el ronner a 72 °C durante 12 horas.

Una vez cocinado, lo pasamos por un colador y reducimos la salsa a dos terceras partes. En cuanto esté reducida, le agregamos el mascarpone, la mantequilla y el gel de parmesano. Cuando todo se haya disuelto bien, incorporaremos la xantana y trituramos hasta obtener la textura deseada. Finalmente lo pasamos por un colador fino.

EL LENGUADO

1 lenguado de unos 400 g
polvo de Activa® GS (transglutaminasa)
aceite de oliva
sal

Escamamos el lenguado hasta que quede bien limpio. Sacamos la piel de ambas partes con cuidado y la reservamos. Fileteamos el lenguado por ambos lados (4 lomos) y, una vez que nos aseguremos de que no tiene espinas, combinamos con Activa® (transglutaminasa) los dos lomos altos por un lado y los dos lomos bajos por el otro. Espolvoreamos una capa fina con la ayuda de un colador distribuyéndola bien a lo largo del lomo y los dejamos envueltos en film durante 4 horas para que la Activa® actúe. Una vez que estén pegados y a temperatura ambiente, los envasamos con aceite de oliva y sal y los cocinamos a 62,5 °C durante 4 minutos.

LAS PIELES DE LENGUADO

Con un cuchillo fino desescamamos y eliminamos los posibles restos de carne de las pieles. Las introducimos en una bolsa de cocción y las estiramos hasta que queden totalmente rectas. Las envasamos al vacío y las cocinamos a 85 °C durante 4 horas en un horno a vapor. Una vez cocinadas, las metemos en el abatidor y las congelamos para poder manipularlas mejor. A continuación, las colocamos entre dos papeles de horno con aceite y las metemos en el horno a 160 °C durante 23 minutos. Una vez fuera, con la ayuda de un cuchillo bien afilado, las cortamos del tamaño que queramos mediante cortes perfectamente rectos. Las reservamos en un recipiente hermético.

caviar imperial dorado
brotes de hinojo
brotes de perifollo

LAS ALCAPARRAS FRITAS

alcaparras
un cazo con aceite de oliva

Ponemos a secar las alcaparras en papel absorbente y las presionamos suavemente para extraer el exceso de agua. Las freímos en aceite de oliva a fuego medio, pero subimos la temperatura antes de sacarlas. Hay que freírlas hasta que dejen de burbujear, pero con cuidado de que no se quemen. Si las sacamos antes, se reblandecerán y no quedarán crujientes.

MONTAJE

Cocinamos el lenguado al punto, lo cortamos en dos trozos y los colocamos en el plato de manera irregular. A continuación, salseamos el fondo del plato con la salsa de calamar. Sobre el pescado disponemos las pieles cristal con dos puntos de la crema de ajo, sobre los que van las alcaparras fritas. Terminamos con una cucharadita de caviar de 1 g y con brotes de hinojo y perifollo.

LA CREMA DE AJO

3 cabezas de ajos morados
30 g de mantequilla
un poco de agua o fumé de lenguado
sal

Quitamos la primera capa de piel de las cabezas de ajos y hacemos un corte en la parte superior, a un centímetro partiendo de la parte más alta. Colocamos los ajos en una fuente de asar con el corte hacia arriba. Laminamos finamente la mantequilla y cubrimos los ajos. Asamos al horno a 160 °C entre 15 y 20 minutos. Luego, damos la vuelta a los ajos para que absorban la mantequilla y se asen por el interior. Seguimos cociendo hasta que se hagan. Presionamos las cabezas en caliente para extraer la pulpa guisada y la trituramos con el resto de ingredientes. El porcentaje de agua o fumé puede variar según la densidad deseada para cada receta.

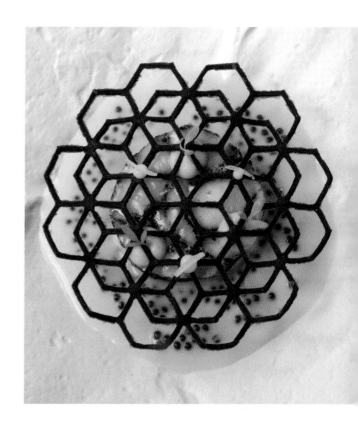

Royal de pato con texturas de boniato y palomitas trufadas

LA ROYAL

1 kg de la carne de muslos de pato
300 g de papada de cerdo
125 g de *foie* de pato fresco
160 ml de brandy
125 g de miga de pan del día anterior
150 ml de leche
3 huevos
112 g de sal
180 g de chalota
100 g de zanahoria
250 g de setas (*boletus edulis*)

Picamos las verduras lo más fino posible y las pochamos sin que tomen mucha coloración. Una vez rehogadas, añadimos el brandy, evaporamos el alcohol y dejamos enfriar.

Por otro lado, pasamos por la picadora la carne de pato, la papada y el *foie*. Después, lo mezclamos con las verduras una vez que se hayan enfriado.

Empapamos el pan en la leche, lo incorporamos a la mezcla y lo ponemos a punto de sal. La mezcla tiene que estar perfectamente integrada y homogénea.

Envasamos en bolsas de cocción al vacío, procurando formar una placa de 2,5 centímetros de espesor. Cocinamos a 64 °C durante 24 horas.

EL PURÉ DE BONIATO

1 kg de boniato
150 g de mantequilla
1 g de goma xantana
sal

Envolvemos los boniatos en papel de aluminio y los ponemos a cocer en el horno con 25 g de mantequilla y sal. Los asamos a 160 °C hasta que estén bien blanditos, pero la piel no se haya tostado demasiado. Una vez que estén al punto, retiramos la piel de la carne, que reservamos para la siguiente elaboración.

Con la ayuda de un túrmix, turbinamos la carne del boniato que hemos cocido con un poco de sal, el resto de la mantequilla y la xantana. Pasamos la mezcla por un colador para que no queden grumos.

LA PIEL DE BONIATO

piel de boniato (elaboración anterior)
aceite de girasol
sal

Colocamos la piel que hemos retirado en una bandeja de deshidratador durante 24 horas. Una vez seca, la freímos en aceite de girasol a 180 °C. Cuando se haya suflado y esté crujiente, la escurrimos en papel absorbente y rectificamos de sal.

EL MAÍZ ENCURTIDO

pequeñas mazorcas frescas
50 ml de vinagre de Jerez
100 ml de agua mineral
1,5 g de sal

Mezclamos el agua con el vinagre y la sal. Una vez disuelta la sal, introducimos las minimazorcas en la mezcla y las envasamos al vacío. Las dejamos encurtir unas doce horas. Después, las cortamos en rodajitas.

LA SALSA DE PATO

15 carcasas de pato
3 kg de recortes de pato
250 g de cebolla de Figueres
la parte blanca de 1 puerro
3 zanahorias
1 ramita de apio
4 tomates maduros
50 g de ajos
200 ml de vino tinto
200 ml de coñac
mantequilla ahumada
aceite, sal y pimienta
agua

Asamos las carcasas, al horno o en una cazuela, con un poco de aceite y sal hasta que tomen un bonito color tostado. En una cazuela amplia asamos las verduras limpias y cortadas a tamaños regulares, primero los ajos, las zanahorias y las cebollas. Cuando estén doradas, añadimos el puerro, el apio y los tomates. Las dejamos cocer a fuego vivo y agregamos las carnes asadas. Asamos todo el conjunto, desglasamos con los licores y mojamos hasta cubrir bien con agua. Cocemos a fuego suave de 4 a 5 horas.

Terminada la cocción, filtramos el jugo y lo reducimos con un poco de mantequilla ahumada hasta obtener una salsa potente y untuosa. Rectificamos de sal y pimienta. Pasamos la salsa a un recipiente amplio y lo colocamos en la parte alta de la barbacoa, encima de la fuente, con otra más grande que haga el efecto de campana para retener el humo. Colocamos en la parrilla un par de trozos de carbón encendido y, encima de este, vamos incorporando pequeñas cantidades de virutas de madera ligeramente humedecidas para ahumar. Ahumamos la salsa hasta que adquiera un suave sabor ahumado.

LA CREMA DE HÍGADOS

1 kg de hígados de pollo
400 g de chalota picada
4 dientes de ajos picados
140 ml de armañac
850 g de *foie micuit*
sal

Rehogamos las verduras en una cazuela hasta que queden bien pochadas. Incorporamos los hígados de pollo y los cocinamos. Por último, añadimos el armañac y evaporamos el alcohol. Lo dejamos reposar hasta que se enfríe. A continuación, trituramos todo en un túrmix y agregamos el *foie micuit* frío poco a poco. Ponemos a punto de sal y lo pasamos por un colador para que quede lo más fino posible.

Salmonete con apio y eneldo

EL SALMONETE

salmonetes de 200 a 300 g

Limpiamos los lomos de los salmonetes, asegurándonos de mantener el máximo de escamas posibles. Reservamos las espinas y las cabezas, que limpiamos para la salsa.

LA SALSA DE PESCADO Y CARABINEROS

1 kg de espinas y cabezas de salmonetes
1,5 l de agua
1 cebolla grande
½ cabeza de ajos
1 puerro
1 trocito de apio
1 zanahoria
200 cabezas de carabinero
mantequilla

En primer lugar, hacemos una bresa con la verdura y rehogamos a fuego medio hasta conseguir bastante coloración. Añadimos las cabezas de carabinero y rehogamos unos minutos más. Horneamos las espinas y las cabezas a 180 °C hasta que estén doradas, con cuidado de no excedernos para que no aparezcan notas amargas en nuestro fondo. Combinamos el asado con el pescado y lo cubrimos con agua fría. Cocinamos 1 hora a fuego suave desde que empiece a hervir. Luego, colamos y reducimos hasta conseguir la textura deseada. Para terminar, ligamos la salsa con una nuez de mantequilla para aportarle brillo y suavidad.

TIERRA DE ENELDO

240 g de eneldo fresco
500 ml de aceite MCT
250 g de maltodextrina
1 g de ácido ascórbico

Escaldamos unos segundos el eneldo en agua hirviendo para seguidamente enfriarlo en agua o hielo. Con la ayuda de un robot de cocina, lo trituramos junto con el aceite y el ácido ascórbico. Colamos la mezcla resultante y la dejamos reposar 12 horas en mangas pasteleras para luego decantarla y poder quedarnos con el aceite, desechando así el agua que ha soltado. Finalmente, mezclamos la maltodextrina con 50 g de nuestro aceite. Reservamos en un recipiente hermético.

CRUDITÉ DE APIO

apio
agua con hielo

Con la ayuda de un pelador sacamos unas hebras de apio lo más finas posibles y las introducimos en un baño de agua con hielo para facilitar que se ricen y tersen.

OTROS

limón
brotes de eneldo fresco
aceite
sal

MONTAJE

Disponemos el lomo del salmonete sobre una rejilla, que a su vez colocamos sobre una bandeja o cazo, ya que rociamos la parte superior del pescado con aceite muy caliente para levantarle las escamas y conseguir que sean comestibles y crujientes. En una bandeja con papel colocamos el salmonete boca abajo al punto de sal para darle un último toque de calor en la salamandra.

Colocamos el salmonete frito y al punto sobre el plato, junto con la crudité de apio previamente aliñada con sal y aceite, la tierra de eneldo y la salsa de pescado y carabinero. Para terminar de decorar, dejamos sobre la tierra dos brotes de eneldo fresco y ralladura de limón.

Pichón marinado con toques de Asia, rosas y sake con texturas de soja y miso

LOS PICHONES MARINADOS

LOS PICHONES MARINADOS

10 pichones
200 g de miso blanco
300 ml de sake
300 ml de agua
50 ml de salsa de soja banca
30 g de yuzu en polvo

En un bol mezclamos todos los ingredientes de la marinada con la ayuda de una varilla hasta que se hayan integrado perfectamente. Envasamos al vacío los pichones con la marinada y los reservamos en la nevera 48 horas. Podemos realizar la marinada sin vacío, pero el proceso de marinado siempre será más intenso e higiénico si es al vacío. Terminado el proceso, sacamos las piezas de la marinada, las limpiamos con el mínimo de agua posible y las secamos. Las envasamos de nuevo al vacío en bolsas de cocción y las guardamos en la nevera. En una sartén marcamos bien el pichón. Una vez dorado, lo dejamos 3 minutos en parrilla para ahumar con unas virutas de madera humedecidas. Terminamos el pichón al horno entre 5 y 7 minutos a 180 °C y lo dejamos reposar 3 minutos.

LA SALSA DE PICHÓN AHUMADA

3 kg de recortes de pichón
250 g de cebolla de Figueres
la parte blanca de 1 puerro
3 zanahorias
1 ramita de apio
4 tomates maduros
50 g de ajos
200 ml de vino tinto
200 ml de coñac
mantequilla ahumada
aceite
sal y pimienta

Asamos los recortes, al horno o en una cazuela con un poco de aceite y sal, hasta que tomen un bonito color tostado. En una cazuela amplia asamos las verduras limpias y cortadas en tamaños regulares, primero los ajos, luego las zanahorias y, por último, las cebollas. Cuando se hayan dorado, añadimos el puerro, el apio y los tomates. Ponemos a cocer a fuego vivo y agregamos las carnes asadas. Asamos todo el conjunto, desglasamos con los licores y mojamos hasta cubrir bien con el agua. Lo dejamos cocer a fuego suave de 4 a 5 horas hasta que esté dorado. Terminada la cocción, filtramos el jugo y lo reducimos con un poco de mantequilla ahumada hasta obtener una salsa potente y untuosa. Rectificamos de sal y pimienta. Hecha la salsa, la pasamos a un recipiente amplio que colocamos en la parte alta de la barbacoa, encima de la fuente, otra más grande haciendo el efecto de campana para retener el humo. En la parrilla colocamos un par de trozos de carbón encendido y vamos disponiendo encima pequeñas cantidades de virutas de madera ligeramente humedecidas para ahumar la salsa hasta que adquiera un suave sabor ahumado.

LA SALSA YAKINIKU CON KIMCHI Y YUZU

240 ml de salsa de soja
120 ml de sake
120 ml de mirin
40 ml de vinagre de arroz
50 ml de yuzu (10 g en polvo)
100 g de miso rojo
90 g de azúcar
50 g de base para kimchi
10 g de katsuobushi
2 ajos
½ manzana Pink Lady
aceite de sésamo tostado
aceite de oliva arbequina
semillas de sésamo

Picamos el ajo bien fino y, junto a las semillas de sésamo, lo doramos con el aceite de sésamo y el aceite de oliva. Cuando el conjunto se haya dorado, añadimos la manzana cortada en dados pequeños y salteamos un minuto más. Incorporamos el sake y el mirin junto al azúcar y damos un ligero hervor. Apartamos del fuego para infusionar y luego daremos calor de nuevo. Agregamos el resto de ingredientes, menos el yuzu y el katsuobushi, removiendo bien para que todo se integre. Calentamos de nuevo y, cuando hierva, apartamos del fuego y echamos el katsuobushi. Tapamos con plástico alimentario y dejamos infusionar hasta que se enfríe por completo. Añadimos entonces el yuzu en polvo, mezclamos bien y colamos. Reservamos.

EL POLVO DE KIMCHI, SHICHIMI TOGARASHI Y JENGIBRE

250 g de base para kimchi
3 g de shichimi togarashi
2 g de jengibre en polvo

Mezclar todos los ingredientes.

RELLENO PARA EL SUFLADO WANTON

500 g de hígados de pollo
200 g de chalota picada
2 dientes de ajo
70 ml de armañac
425 g de *foie micuit*
50 g de mantequilla ahumada
sal
pimienta negra
agua
hielo

Limpiamos los hígados de pollo y los troceamos. Por otro lado, cocemos el *foie micuit* 20 minutos a 63 °C al vacío y al vapor. Una vez cocinado, lo sumergimos en un baño de agua y hielo. Pochamos las chalotas y el ajo picado bien fino para que se doren. Luego incorporamos los hígados y dejamos que se cocinen. Cuando se hayan hecho y estén a punto de secarse, desglasamos con armañac. Salpimentamos y lo reservamos unos 10 o 15 minutos en la nevera para que baje la temperatura. Luego, con la ayuda de un triturador de mano, emulsionamos el preparado de los hígados junto con el *foie* y la mantequilla ahumada. Rectificamos el punto de sal y lo reservamos en la nevera.

CREMA DE AVELLANA Y KARA MISO

300 g de pasta kara miso
500 g de praliné de avellana
50 g de agua

Con la ayuda de un triturador de mano, emulsionamos todo hasta obtener una crema bien fina.

OTROS

10 hojas de masa wanton
50 g de avellanas peladas
50 g de habitas de soja
1 flor de penta roja

Freímos las habitas de soja y dejamos que reposen en un deshidratador a 60 °C unas 5 horas. Tostamos las avellanas 8 minutos aproximadamente a 180 °C y las partimos en mitades. Cogemos 2 hojas de masa wanton, mojamos una con un poco de agua y colocamos la otra por encima, aplicamos un poco de presión. Luego, la cortamos y freímos en aceite a 180 °C hasta que sufleen y queden doradas.

MONTAJE

Dibujamos 3 puntos de crema de avellana y kara miso sobre el plato. Sobre esta crema colocamos una haba frita, 3 mitades de avellana tostada y la flor. Rellenamos el suflado con la crema de hígado ahumada y espolvoreamos con el polvo picante. Colocamos la pechuga de pichón y, encima, el muslo. Terminamos con una cucharada generosa de salsa sobre la carne.

Entrécula de ternera, remolacha y sardina ahumada

LA ENTRÉCULA

1 kg de entrécula de ternera
sal

Limpiamos la entrécula y la envasamos al vacío retractilando la bolsa. Metemos la entrécula envasada en agua hirviendo durante 2 segundos y, a continuación, la sumergimos en un baño de agua con hielo. La cocinamos durante 36 horas a 58 °C. Una vez cocinada, la enfriamos una hora a temperatura ambiente y, luego, en un baño de agua con hielo.

LA SALSA DE TERNERA

8 kg de rodilla de ternera
8 kg de falda de ternera
2 pies de vaca cortados a la mitad
250 g de cebolla de Figueres
la parte blanca de 1 puerro
3 zanahorias
1 ramita de apio
4 tomates maduros
50 g de ajos
200 ml de vino tinto
200 ml de coñac
mantequilla
agua

Cocinamos al horno la falda y los huesos de ternera durante 1 hora a 180 °C. Una vez listos, los pasamos a una olla e incorporamos los pies de vaca, que previamente hemos desangrado en agua y hielo. Mientras tanto, preparamos una bresa con las verduras, las asamos en una sartén con un poco de mantequilla y, cuando se hayan hecho, las incorporamos a los huesos y los licores. Llenamos la olla de agua fría hasta cubrir el conjunto y, cuando rompa el hervor, lo cocinamos a fuego lento durante 7 horas. Finalmente, colamos el caldo, lo pasamos por una malla fina de filtrado para evitar toda clase de impurezas y lo ponemos a reducir. Cuando la salsa haya reducido, la terminamos con unos dados de mantequilla fría para aportarle brillo y consistencia.

EL PURÉ DE REMOLACHA

1 kg de remolacha
25 g de mantequilla para la cocción
50 g de mantequilla
sal
1 g de goma xantana

Envolvemos las remolachas en papel de aluminio y las horneamos con un poco de mantequilla hasta que estén bien tiernas. Una vez cocidas, las trituramos en un robot de cocina junto con la xantana y terminamos emulsionando con la mantequilla. Rectificamos de sal y pasamos el puré por un colador para evitar impurezas y que quede lo más fino posible.

LA SOUBISE

800 g de cebolla
70 g de mantequilla
675 ml de leche
350 ml de nata
2 g de tomillo fresco picado
goma gellan

Ponemos la cebolla a pochar con la mantequilla sin que coja color. Una vez que esté rehogada, incorporamos la leche, la nata y el tomillo. Cocinamos durante unos minutos y dejamos infusionar.

Después, colamos y emulsionamos el líquido resultante con goma gellan (400 ml de líquido x 2,7 g de gellan) y lo estiramos en un gastro con un baño invertido. Una vez fría, turbinamos hasta obtener la crema de soubise.

EL CRUJIENTE DE REMOLACHA

100 g de bolas de tapioca
100 ml de licuado de remolacha
1 l de agua
aceite de girasol y sal

Ponemos la tapioca a cocer en el litro de agua y la dejamos cocinar durante 40 minutos a fuego lento. Una vez cocida, incorporamos el licuado de remolacha y lo trituramos todo. Estiramos esta masa en tapetes de silicona para deshidratador y la secamos durante 24 horas.

Una vez seca, cortamos porciones del tamaño deseado y las freímos en aceite de girasol a 180 °C hasta que sufleen y queden crujientes, pero sin perder el color. Retiramos el exceso de aceite en papel absorbente y salamos ligeramente.

LA CEBOLLA PLATILLO

10 cebollitas platillo encurtidas
25 ml de licuado de remolacha
5 ml de vinagre balsámico

Cortamos a la mitad las cebollitas quedándonos con los pétalos exteriores. Los envasamos al vacío y osmotizamos con el licuado de remolacha y el vinagre.

LA SARDINA AHUMADA

lomos de sardina
aceite de ahumado
sal

Envasamos los lomos de sardina, que previamente hemos curado durante media hora en sal, con el aceite de ahumado para que adquieran este sabor tan peculiar.

EL POLVO DE KIMCHI

base para kimchi

Estiramos la salsa de kimchi en un tapete de silicona y la ponemos a secar en la deshidratadora a 55 °C. Una vez seco, lo picamos todo en un mortero hasta obtener un polvo. Reservamos.

MONTAJE

Con la ayuda de un biberón, pintamos un círculo con el puré de remolacha. En el interior de dicho círculo vertemos la salsa de ternera. Sobre esta, colocamos dos trozos de entrécula, que previamente hemos marcado en la parrilla y hemos pintado con un poco de la salsa de ternera. Decoramos con tres puntos de la soubise y, sobre esta, disponemos las cebollitas encurtidas. Para darle altura y volumen al plato, terminamos colocando los crujientes de remolacha, un poco de polvo de kimchi y la sardina ahumada.

Coco helado, chocolate blanco, yogur y yuzu

EL CREMOSO DE YUZU

375 ml de nata fresca
125 ml de leche entera
150 g de yemas de huevo pasteurizadas
600 g de chocolate blanco
225 g de manteca de cacao
200 ml de zumo de yuzu

Preparamos una crema inglesa con la nata, las yemas y la leche, mezcladas y atemperadas a fuego suave hasta los 85 °C. Añadimos el chocolate y combinamos como si de una ganache se tratara. Cuando la temperatura baje hasta los 60 °C, incorporamos la manteca de cacao y trabajamos hasta lograr una crema fina. Agregamos el zumo de yuzu, mezclamos de nuevo y dejamos cuajar en la nevera hasta que tome cuerpo.

EL BIZCOCHO DE YOGUR

300 g de clara de huevo
60 g de yogur en polvo
60 g de almendra en polvo
70 g de azúcar
20 g de harina

Trabajamos todos los ingredientes en un robot de cocina hasta obtener una masa lisa. Colamos e introducimos la mezcla en un sifón de 500 cc con una carga de gas. La dejamos reposar un mínimo de 2 horas. Para cocer los bizcochos, utilizamos unos vasos de plástico que puedan soportar cierto calor. Con la ayuda de unas tijeras, hacemos tres pequeños cortes en la base de los vasos. Llenamos un tercio de su volumen con la mezcla y los ponemos a cocer en el microondas a 600 W durante 1 minuto. Después, los dejamos enfriar boca abajo hasta que estén totalmente fríos.

LA ESPUMA DE COCO

500 g de pulpa de coco de mucha calidad
100 ml de almíbar (hecho con partes iguales
  de agua y azúcar)
50 g de yogur griego
50 ml de nata fresca
2 hojas de gelatina (4 g)

Hidratamos la gelatina en agua helada de 5 a 10 minutos. En un robot de cocina a máxima velocidad pasamos el resto de ingredientes, menos 50 ml de almíbar, hasta obtener una mezcla bien integrada. Calentamos los 50 ml de almíbar restantes a 80 °C y añadimos las gelatinas escurridas. Agregamos el almíbar con gelatina a la base y pasamos por un colador fino. La introducimos en un sifón con 2 cargas y dejamos reposar un mínimo de 2 horas en la nevera.

EL YOGUR DE LIMÓN

400 g de yogur griego
90 ml de almíbar (hecho a partes iguales
  de azúcar y agua)
1 limón

Mezclamos el yogur griego con el almíbar hasta que
se hayan integrado perfectamente. Con la ayuda de
un rallador fino, rallamos la piel más superficial del
limón, sin llegar a la parte blanca, encima del yogur.
Añadimos unas gotas del mismo limón y mezclamos de nuevo. Reservamos en frío hasta su uso.

LOS DADOS DE MANZANA ÁCIDA

1 manzana Granny Smith
50 ml de almíbar (hecho con 40 % de azúcar
  y 60 % de agua)
1 limón

Cortamos la manzana en bastones regulares de
5 mm o en dados de 1 cm. Los envasamos al vacío
con el almíbar de limón y un poco de ralladura de
limón. Dejamos reposar unos minutos en la nevera
antes de su uso. Podemos realizar esta operación
sin la máquina de vacío, dejando reposar en un bote
bien cerrado, pero es posible que la manzana no
absorba bien los líquidos y se oxide.

LA GALLETA DE COCO

200 g de mantequilla
200 g de azúcar blanco
200 g de coco seco rallado
200 g de harina de trigo
jengibre confitado

Trabajamos la mantequilla hasta que esté pomada. A continuación, añadimos el azúcar, el coco y la harina y mezclamos para obtener una masa homogénea. Entre dos papeles de horno antiadherentes estiramos la masa con un grosor de 3 a 4 mm. La colocamos entre dos bandejas de horno para hornearla a 165 °C unos 25 minutos, hasta que adquiera un color ligeramente dorado a partes iguales. Dejamos enfriar. Cuando se haya enfriado, la desmenuzamos hasta formar una arena tosca de galleta. Agregamos un poco de jengibre confitado, que habremos cortado en daditos, y reservamos en un recipiente hermético.

LAS CÚPULAS ESFÉRICAS DE COCO

1 l de leche de coco
50 ml de azúcar
nitrógeno líquido

Unimos ambas mezclas e integramos con una varilla. Dejar enfriar. Inflaremos un huevo pequeño al tamaño de un huevo grande y con la ayuda de una jeringa de 40 cl introduciremos la mezcla de leche de coco y azúcar. Cerramos y lo pasamos por nitrógeno dando suaves giros hasta que la mezcla se haya congelado. Dar unos cortes al globo para que resulte más fácil retirarlo y reservarlo en el congelador. Un momento antes de servir, retiramos el globo y pasamos unos segundos de nuevo por nitrógeno para que llegue bien congelado a la mesa.

OTROS

brotes cítricos y anisados como el tomillo limón
  y la atzina
1 limón

MONTAJE

Dibujamos dos trazos elegantes con el yogur de limón en la base del plato. Colocamos 3 trozos de bizcocho de yogur y unos dados de manzana. Ponemos una buena cantidad de espuma de coco, encima una generosa *quenelle* de helado de yuzu y cubrimos con un poco de galleta de coco. Añadimos una ralladura fina de piel de limón y unos brotes cítricos y anisados. Terminamos el plato poniendo la cúpula encima.

Bajo una escarcha de rosas, pasión, cava y fresas

EL BLONDIE

160 g de yema de huevo
160 g de clara
400 g de azúcar
300 g de chocolate blanco
300 g de mantequilla
180 g de harina tamizada

En una batidora montamos las yemas con las claras y el azúcar hasta que se duplique el volumen. En un recipiente fundimos la mantequilla y el chocolate blanco. Una vez que la mezcla de la batidora haya duplicado su volumen, la pasamos a un bol grande e incorporamos de forma envolvente la mitad del chocolate blanco y la mantequilla fundida. Añadimos la mitad de la harina tamizada y el resto de la mezcla fundida. Removemos y finalizamos con el resto de la harina tamizada. Cuando se hayan incorporado bien todos los componentes, en un molde cuadrado encamisado con papel de horno vertemos la masa para hornearla a 180 °C durante 15 minutos.

EL SORBETE DE PASIÓN CAVA

200 ml de agua
80 g de glucosa atomizada
200 g de azúcar
35 g de dextrosa
20 g de azúcar invertido
100 g de estabilizante para sorbete o Prosorbet
400 ml de pulpa de fruta de la pasión
100 ml de cava

Mezclamos los azúcares con el agua, la pulpa de fruta de la pasión y el estabilizante y calentamos hasta los 80 °C. Cuando los azúcares se hayan disuelto, retiramos del fuego y agregamos el cava. Combinamos bien con la ayuda de un túrmix. Dejamos reposar la mezcla en la nevera durante 5 horas. Después la pasamos a vasos de Pacojet y reservamos en el congelador.

LAS ESFERAS DE CAVA

49 g de gluconolactato
7 g de goma xantana
1400 ml de cava
175 ml de almíbar TPT
1,5 l de agua
7,5 g de alginato

Para hacer la mezcla de alginato, en un robot de cocina combinamos el agua y el alginato. Colamos la mezcla resultante y reservamos en la nevera. Para el mix de cava, en un robot de cocina trabajamos el almíbar, el cava, el gluconolactato y la xantana hasta que se disuelvan bien todos los ingredientes. Colamos la mezcla. Con la ayuda de una chuchara medidora, la vertemos en el alginato y esperamos 20 segundos. Sacamos las esferas, las pasamos por agua para eliminar el exceso de alginato y las conservamos en cava.

EL *STREUSEL* DE FRESA

100 g de harina de almendra
100 g de harina tamizada
100 g de azúcar
100 g de mantequilla
60 g de fresa en polvo

En un bol de batidora con pala combinamos el azúcar junto con la mantequilla. Vamos añadiendo poco a poco las harinas. Cuando comiencen a formarse pequeñas bolas de masa, pasamos la mezcla a una fuente con papel de horno. Horneamos durante 12 minutos a 180 °C. Sacamos y dejamos enfriar. Una vez que el *streusel* base se haya enfriado, pesamos 100 g y los trituramos brevemente junto con la fresa en polvo en un robot triturador y lo reservamos.

LOS OBULATOS DE ROSA

100 g de azúcar
100 g de agua
1 paquete de obulatos
pétalos de rosas secas
gel de sílice

En un cazo pesamos el agua y el azúcar, fundimos en el fuego y dejamos enfriar el almíbar. Engrasamos una bandeja de deshidratadora, donde disponemos los obulatos redondos. Con la ayuda de un pincel pintamos cada obulato con el almíbar frío. Repetimos este procedimiento hasta tener tres capas de obulatos. En la última capa de obulato empapada con almíbar, rompemos los pétalos de rosas secas y los dejamos secar dentro de la deshidratadora a 50 °C durante 6 horas. Una vez secos, guardamos los obulatos con gel de sílice en un recipiente hermético y reservamos.

LA ESPUMA DE ROSA

500 ml de nata
100 g de yema de huevo
30 g de azúcar
40 ml de agua de rosa
0,5 g de colorante rojo
nitrógeno líquido

En un cazo pesamos la nata, la ponemos al fuego y la llevamos a ebullición. Entretanto, batimos las yemas con el azúcar. Escaldamos la nata en la mezcla de las yemas y el azúcar, combinamos bien y llevamos nuevamente todo al fuego hasta alcanzar los 82 °C. Retiramos del fuego y lo ponemos en un baño maría invertido. Cuando la mezcla se haya enfriado, la pasamos a un robot de cocina y añadimos el agua de rosas y el colorante. Disponemos la elaboración en un sifón con 2 cargas de gas. En un criobol, echamos el nitrógeno líquido y, a continuación, vertemos la espuma del sifón dentro del nitrógeno hasta que se congele. La rompemos un poco, la retiramos y la conservamos en el congelador.

LA GELATINA DE SAINT GERMAIN

400 ml de licor Saint Germain
100 g de azúcar
300 g de agua
4 g de agar-agar
4 hojas de gelatina

En un cazo mezclamos bien el agua, el agar-agar y el azúcar y lo ponemos al fuego hasta que llegue a ebullición. En un bol pesamos el licor Saint Germain y reservamos. Ponemos a hidratar las hojas de gelatina en agua fría y reservamos. Cuando haya hervido la primera mezcla, la retiramos del fuego y añadimos las hojas de gelatina. Combinamos bien con la ayuda de un globo y, a continuación, vamos incorporando esta mezcla poco a poco al licor. Una vez que todo esté bien integrado, en una bandeja previamente encamisada con film transparente, disponemos la mezcla con un grosor de 0,5 mm. Cuando haya gelificado, la cortamos en cuadrados de 1 x 1 cm y la reservamos en la nevera.

OTROS

pétalos de begonia roja y rosa

MONTAJE

En un plato hondo ponemos una cucharada de *streusel* de fresa. Colocamos alrededor tres trozos de *blondie* de 1 x 1 cm. Al lado del *blondie*, disponemos 2 trozos de gelatina Saint Germain de 1 x 1 cm. Gasificamos las esferas de cava con dos cargas de CO_2 y ponemos dos esferas al costado del *blondie*. Hacemos una *quenelle* de sorbete de pasión y cava y la dejamos en medio del plato, sobre el *streusel* de fresa. Decoramos con la espuma de rosa y terminamos decorando el plato con el obulato y unos pétalos de begonia roja y rosa.

Palomitas de mascarpone, plátano caramelizado, ron, café y cacao

EL BABA

250 ml de leche
40 g de levadura fresca
150 g de harina fuerte

300 g de huevo
450 g de harina fuerte
20 g de azúcar
15 g de sal
250 g mantequilla

Para hacer el prefermento (la esponja), mezclamos la leche tibia con la levadura fresca. En un bol de batidora pesamos la harina. Con la pala comenzamos a mezclar a velocidad media y vamos añadiendo la leche con la levadura. Cuando se hayan incorporado bien todos los componentes, tapamos con film transparente y dejamos que fermente en una zona cálida hasta que duplique el volumen.

Una vez que la esponja haya fermentado, la pasamos a un bol de batidora. Con el gancho comenzamos a amasar. Agregamos los huevos de uno en uno y, una vez que estén bien incorporados, echamos poco a poco la harina, el azúcar y, por último, la sal. Seguimos amasando hasta que la malla glutínica comience a aparecer. Entonces añadimos la mantequilla fría y continuamos trabajando hasta que se termine de formar bien la malla glutínica. Retiramos de la batidora, disponemos en una manga y la vertemos en moldes redondos, donde la dejamos fermentar nuevamente. Tras duplicar su volumen, horneamos a 200 °C durante 10 minutos. La reservamos en la nevera una vez cocida.

EL BAÑO DE BABA

950 ml de café
45 g de cacao
60 g de azúcar
90 ml de ron
90 ml de licor Tía María

Mezclamos todos los ingredientes, calentamos a 55 °C e introducimos los babas. Cuando se hayan empapado, retiramos el baño y reservamos en la nevera.

EL *STREUSEL* DE ALMENDRA

100 g de harina de almendra
100 g de harina tamizada
100 g de azúcar
100 g de mantequilla

En un bol de batidora con pala combinamos el azúcar junto con la mantequilla. Vamos añadiendo poco a poco las harinas. Cuando comiencen a formarse pequeñas bolas de masa, pasamos la mezcla a una fuente con papel de horno y la horneamos durante 12 minutos a 180 °C. La dejamos enfriar.

LA CREMA DE PLÁTANO AHUMADA

6 plátanos
4 g de canela en polvo
60 g de mantequilla ahumada

Ponemos los plátanos con cáscara en la brasa y los retiramos cuando estén totalmente negros y cocinados. Los pelamos y los disponemos en un robot de cocina junto con la canela en polvo. Mezclamos a velocidad media y, poco a poco, vamos añadiendo la mantequilla ahumada hasta conseguir una crema lisa. Retiramos y guardamos en la nevera.

EL PLÁTANO IMPREGNADO EN JENGIBRE

200 g de jengibre
200 ml de agua
300 g de azúcar
2 plátanos

Licuamos el jengibre. En un cazo vertemos el zumo de jengibre con el agua y el azúcar y lo ponemos a calentar. Cuando comience a hervir, retiramos del fuego y dejamos enfriar. Pelamos los plátanos, los introducimos en una bolsa al vacío junto con el almíbar de jengibre y los envasamos al 100 %. Los reservamos en la nevera durante 2 horas.

LAS PALOMITAS DE MASCARPONE

250 g de mascarpone
250 ml de nata
50 g de yema de huevo
75 g de azúcar
nitrógeno líquido

En un cazo pesamos la nata, la ponemos al fuego y llevamos a ebullición. Entretanto, batimos las yemas con el azúcar. Escaldamos la nata con las yemas y el azúcar, mezclamos bien y llevamos nuevamente todo al fuego hasta alcanzar los 82 °C. Entonces retiramos del fuego y ponemos la mezcla en un baño maría invertido. Cuando se haya enfriado, añadimos el mascarpone y, con la ayuda de un túrmix, combinamos hasta conseguir una crema homogénea.

Disponemos la elaboración en un sifón con 2 cargas de gas. En un recipiente metálico o de porexpan echamos el nitrógeno líquido y, a continuación, introducimos la espuma del sifón dentro del nitrógeno hasta que se congele. Luego, la rompemos un poco, la retiramos y conservamos en el congelador.

EL CRUJIENTE DE CAFÉ Y CACAO

200 ml de agua
200 g de azúcar
30 g de cacao
6 g de café soluble
30 g de clara
3 hojas de masa filo
mantequilla

En un cazo pesamos el agua y el azúcar y llevamos al fuego hasta que la mezcla alcance 137 °C. Entretanto, montamos las claras y añadimos el café soluble y el cacao en polvo hasta conseguir una textura de mazapán. Vertemos esta mezcla en el almíbar cuando haya llegado a la temperatura deseada de 137 °C, subimos el fuego al máximo y mezclamos con varilla durante 1 minuto. Pasamos la mezcla a un tapete de silicona y dejamos enfriar. Una vez que haya cristalizado, la trituramos en un robot hasta reducirla a un polvo fino. Estiramos las hojas de masa filo y las pintamos con mantequilla. Con un colador espolvoreamos el polvo de cacao y café. Repetimos el procedimiento por las dos caras de la masa filo. Horneamos a 155 °C durante 12 minutos. Sacamos del horno, dejamos enfriar y reservamos.

EL HELADO DE PLÁTANO Y RON

6 l de pulpa de plátano
600 g de Prosorbet
510 ml de zumo de limón
300 ml de ron
180 g de dextrosa

Mezclamos los ingredientes líquidos y con un túr-mix, los sólidos. Dejamos reposar durante 4 horas en la nevera. Congelamos y pasamos por la Pacojet o la máquina de helados. Reservamos en el congelador.

MONTAJE

Cortamos el baba empapado en 3 trozos y los disponemos en medio del plato. Hacemos dos *quenelles* con la crema de plátano y las colocamos junto a los trozos de baba. Cortamos el plátano impregnado de jengibre y caramelizado con azúcar en cuadrados de 1 x 1 cm. Ponemos los dos trozos de plátano al lado de la crema de plátano. Dejamos el *streusel* en la parte inferior del plato, entre los dos trozos de babas, que coronamos con el helado de plátano y ron. Decoramos el baba con las palomitas de mascarpone y terminamos con el crujiente en trozos irregulares.

Hierbaluisa, citronela helada y bergamota con crujiente de Bataks

LA ESPUMA DE HIERBALUISA

400 ml de leche
50 g de azúcar
300 ml de nata
2 hojas de gelatina
20 g de hojas de hierbaluisa fresca

Hidratamos las hojas de gelatina. Calentamos la leche, la nata, el azúcar y las hojas de gelatina hasta que rompan a hervir. Retiramos del fuego y dejamos que infusionen durante 15 minutos. Después, añadimos las hojas de gelatina previamente hidratadas, y mezclamos hasta que se disuelvan bien. Dejamos enfriar. Cuando haya enfriado, llenamos un sifón con la mezcla con 2 cargas de gas. Batimos bien y reservamos en la nevera.

EL HELADO DE BERGAMOTA Y CITRONELA

1 l de leche
150 ml de pulpa de bergamota
110 g de estabilizante para sorbete
45 g de dextrosa
3 tallos de citronela
66 g de azúcar

Picamos bien la citronela y la infusionamos en la leche. Entretanto, combinamos todos los azúcares y el estabilizante con la pulpa de bergamota. Cuando la infusión se haya enfriado, incorporamos la mezcla anterior, emulsionamos con un túrmix y dejamos reposar durante 5 horas en la nevera. Luego, pasamos esta mezcla por la máquina de helados y la reservamos en un congelador a menos de 18 °C.

LA CREMA DE HIERBALUISA

22 g de almidón
118 g de mantequilla
44 g de yema
73 g de azúcar
317 ml de leche
15 g de hojas de hierbaluisa

Infusionamos las hojas de hierbaluisa en la leche. Entretanto, mezclamos bien el almidón con el azúcar y la yema. Luego, ponemos a hervir la leche saborizada. Cuando hierva, la añadimos poco a poco a la mezcla de azúcar y yema. Llevamos todo al fuego hasta hervir, removiendo suavemente con unas varillas. Luego, retiramos del fuego y lo dejamos enfriar hasta los 30 °C. Cuando se alcance esta temperatura, agregamos la mantequilla y lo combinamos todo en un robot. Guardamos la crema en mangas y la reservamos en la nevera.

EL CRUJIENTE DE BATAKS

200 ml de leche
50 g de glucosa
2 g de goma xantana
5 g de pimienta de Bataks

Infusionamos la leche con la baya de Bataks. Luego, la combinamos con el resto de ingredientes en una Thermomix® durante 3 minutos a velocidad alta. Dejamos reposar durante 3 horas. Engrasamos con aceite de girasol unos tapetes de deshidratadora antiadherentes y estiramos la mezcla con un grosor de 1 mm. Dejamos secar a 50 °C durante 10 horas. Después, reservamos el crujiente en seco.

LA TIERRA DE CHOCOLATE BLANCO Y BATAKS

100 g de chocolate blanco
10 g de pimienta de Bataks en polvo
250 g de maltodextrina

Derretimos el chocolate blanco, añadimos las bayas de Bataks en polvo. Agregamos poco a poco la maltodextrina y vamos revolviendo con la ayuda de un globo hasta lograr pequeñas rocas de chocolate blanco.

MONTAJE

En un plato blanco ponemos en el centro un punto de crema de hierbaluisa. La cubrimos con la tierra de chocolate blanco y Bataks. Encima colocamos el helado de bergamota y citronela. Tapamos la *quenelle* con la espuma de hierbaluisa. Por último, disponemos 3 crujientes cortados irregularmente encima de la espuma.

Hora del té, tres leches

EL BIZCOCHO TRES LECHES

150 g de huevo
200 g de azúcar
210 g de harina floja
8 g de impulsor
100 ml de leche

Blanqueamos los huevos con el azúcar (*monter au ruban*). Tamizamos los sólidos y los incorporamos con cuidado. Añadimos la leche a hilo, removiendo con cuidado con una lengua. Vertemos la mezcla en un molde previamente encamisado. Cocemos a 180 °C durante 20 minutos. Cuando se haya enfriado, lo cortamos en láminas de 1 cm de grosor y troquelamos con un cortapastas de 1,5 cm de diámetro.

EL BAÑO DE EARL GREY

100 ml de nata
100 ml de leche
35 g de azúcar
12 g de té Earl Grey

En un cazo pesamos la leche, la nata y el azúcar y lo llevamos a hervir. Luego, fuera del fuego, añadimos el té y dejamos que infusione durante 3 minutos. Colamos y ponemos a enfriar. Una vez que haya enfriado la mezcla, empapamos los círculos del bizcocho, los escurrimos en papel absorbente y los reservamos en la nevera tapados.

EL GEL DE LIMA

1 l de zumo de lima
8 g de agar-agar
8 hojas de gelatina
350 ml de almíbar TPT

Hidratamos las hojas de gelatina en agua fría. En un cazo pesamos el resto de ingredientes y los llevamos a hervir. Luego, los sacamos del fuego y añadimos la gelatina hidratada. Dejamos que gelifique. Por último, trituramos con la ayuda de un túrmix. Guardamos en una manga pastelera y reservamos en la nevera.

EL AIRE DE LIMA

1 l de zumo de lima
310 ml de almíbar TPT
8 g de lecitina de soja

Mezclamos todos los ingredientes con túrmix y dejamos reposar durante 3 horas. Montamos el aire con la ayuda de un túrmix o un Foam Kit.

EL CREMOSO DE CHOCOLATE CON LECHE Y EARL GREY

125 ml de leche
125 ml de nata
50 g de azúcar
100 g de yema de huevo
125 g de chocolate con leche
2 hojas de gelatina
15 g de té Earl Grey

En un cazo pesamos la nata y la leche, ponemos al fuego y llevamos a ebullición. Cuando hierva, sacamos del fuego e infusionamos el té durante 3 minutos. Entretanto, batimos las yemas con el azúcar. Escaldamos la nata y la leche infusionada en la mezcla de las yemas y el azúcar. Combinamos bien y llevamos nuevamente todo al fuego hasta alcanzar 82 °C. Retiramos del fuego y añadimos la gelatina hidratada. Removemos bien hasta que se disuelva. Escaldamos en el chocolate con leche. Dejamos que cristalice. Guardamos en una manga con boquilla número 6 y reservamos en nevera.

LA ROCA CONGELADA DE CHOCOLATE CON LECHE

900 g de chocolate con leche
450 g de manteca de cacao
30 g de lecitina de soja

Derretimos el chocolate y la manteca de cacao. Añadimos la lecitina de soja y mezclamos con un túrmix. Pasamos la mezcla a 45 °C a un sifón con 2 cargas de gas. En una Gastrovac de vacío ponemos un papel de horno en la base y llenamos con la mezcla del sifón. La suflamos y llevamos rápidamente al abatidor. Una vez congelada, rompemos la roca en pequeñas piedras de 1,5 cm, que reservamos en el congelador.

EL STREUSEL DE ALMENDRA

100 g de harina de almendra
100 g de harina tamizada
100 g de azúcar
100 g de mantequilla

En un bol de batidora mezclamos con pala el azúcar junto con la mantequilla y vamos añadiendo poco a poco las harinas. Una vez que comiencen a formarse pequeñas bolas de masa, pasamos la mezcla a una fuente con papel de horno y horneamos durante 12 minutos a 180 °C. Dejamos enfriar.

EL HELADO DE MANTEQUILLA DE AVELLANA

200 g de mantequilla
200 ml de leche
100 ml de agua
40 g de azúcar
50 g de Procrema
30 g de dextrosa

Ponemos la mantequilla al fuego hasta alcanzar los 155 °C. La colamos y dejamos enfriar. Luego, la mezclamos con el agua y la leche y añadimos los azúcares y la Procrema. Lo dejamos reposar durante 4 horas. Congelamos y pasamos por una máquina de helados. Reservamos en el congelador.

pétalos de tagete

MONTAJE

Colocamos 2 trozos del bizcocho empapado en el centro del plato con 4 cm de separación entre ellos. Escudillamos el cremoso haciendo medio ocho entre los bizcochos. Ponemos 4 puntos del gel de lima repartidos por el cremoso. Entre los dos bizcochos disponemos 3 trozos de roca de chocolate y el *streusel* de almendra. Encima ponemos una *quenelle* del helado de mantequilla de avellana y, sobre esta, el aire de lima. Decoramos con pétalos de tagete sobre el aire.

atemporestaurant.com

Calle Còrsega, 200,
08036 Barcelona

41°23'18.6

Atempo

UNA COCINA QUE ACTUALIZA
EL CLASICISMO Y REIVINDICA LAS RECETAS
MÁS ATEMPORALES CON UNA VISIÓN
PROPIA Y MODERNA

Aguas de gazpacho con fresas, vodka y macarón de bloody mary

LAS AGUAS DE GAZPACHO

1 kg de tomates cherry
500 g de tomate en rama
300 g de pimiento rojo
500 g de zumo de tomate
300 g de pepino
500 g de fresas
1 diente de ajo
100 g de cebolla tierna
35 g de sal
50 ml de vino de Jerez
50 ml de vinagre de manzana
vodka de calidad para terminar

Trituramos ligeramente todos los ingredientes, menos el vodka, en un robot de cocina. Colamos la mezcla por una malla de filtración, recuperando el agua filtrada hasta que esta salga limpia. Sacamos el aire del agua de gazpacho con la ayuda de una máquina de vacío y rectificamos de sal. Aliñamos al final con un 10 % del vodka y formamos cubitos de hielo con la propia agua, que luego añadiremos en el vaso.

Reservamos los hielos en el congelador y el agua en la nevera.

LAS FRESAS

10 fresas de calidad de tamaño pequeño
aceite de oliva arbequina
sal
azúcar
pimienta negra

Lavamos las fresas. Hacemos un pequeño corte en la parte de las hojas para retirarlas, de modo que obtengamos una base plana para que queden de pie. Aliñamos con aceite, sal, pimienta y azúcar. Luego, las disponemos en una fuente, separadas unas de las otras y con la parte del corte en contacto con la superficie. Las deshidratamos en el horno de convección a 115 °C con un 0 % de humedad durante 1 hora. Las reservamos en un recipiente hermético.

LOS MACARONS DE BLOODY MARY

LA BASE DE METIL
1,65 ml de agua
5 g de metilcelulosa

En un recipiente para túrmix combinamos el agua y el metil y trabajamos hasta obtener un gel. Dejamos reposar 24 horas en la nevera para que el metil se hidrate.

LAS BASES CRUJIENTES DE BLOODY MARY
200 ml de clamato
80 g de base de metil (elaboración anterior)
10 g de trisol (fibra de trigo)
0,5 g de goma xantana
20 g de albúmina en polvo

100 ml de clamato
0,5 g de goma xantana

En una jarra para túrmix introducimos 200 ml de clamato, la base de metil, la fibra de trigo y la xantana y trabajamos hasta formar un gel. En otra jarra hacemos lo mismo con los 100 ml de clamato, la albúmina y la xantana restantes. Dejamos reposar las dos jarras 10 horas.

En una montadora con varilla introducimos el contenido de la primera jarra, la de mayor volumen. Montamos 10 minutos a velocidad media, 5 minutos más a máxima velocidad y, a continuación, añadimos el contenido de la segunda jarra. Montamos otros 5 minutos hasta tener un merengue bien duro. Con una boquilla lisa de 1 cm escudillamos pequeñas piezas de 3,5 cm, imitando la base de los macarons clásicos. Dejamos secar en una deshidratadora a 50 °C durante 24 horas.

EL HELADO NITRO DE BLOODY MARY

320 ml de zumo de tomate pasteurizado
  de calidad
80 ml de vodka
24 ml de zumo de lima
1,2 g de goma xantana
2 ml de salsa Perrins
0,8 ml de salsa de tabasco
0,8 g de sal de apio
5 g de sal
0,4 g de pimienta negra
nitrógeno líquido

En una jarra para túrmix mezclamos todos los ingredientes hasta obtener una crema fina. Colocamos la cantidad necesaria en un bol especial para trabajar con nitrógeno y, poco a poco, vamos añadiendo nitrógeno al tiempo que batimos con unas varillas, hasta formar un sorbete bien compacto. Lo utilizamos sin demora.

OTROS

hojas jóvenes de apio
lima
pimienta rosa
aceite de oliva virgen extra

MONTAJE

En el vaso disponemos 3 hielos de agua de gazpacho. Servimos el gazpacho, que tendremos bien frío en la jarra, y acompañamos con las fresas asadas con pimienta rosa recién molida y unas gotas de aceite de oliva virgen extra. Colocamos una pequeña cantidad de helado sobre una base de macarón, procurando que quede bien repartido y plano. Ponemos otra mitad encima y terminamos con una hojita de apio y una raspadura de piel de lima.

Taco de *foie gras* curado con helado de maíz y mole

EL CONSOMÉ DE MIEL CARAMELIZADA

25 g de miel
50 ml de armañac o Pedro Ximénez
150 ml de consomé tostado de ave

En un cazo calentamos la miel a fuego moderado hasta que reduzca y se transforme en un caramelo dorado. Entonces añadimos el alcohol y, después, el consomé. Realizamos esta operación con mucho cuidado, ya que la miel se puede quemar con facilidad, pero si no se caramelizá, no obtendremos un buen resultado. Dejamos cocer el tiempo justo para que la miel esté integrada y obtengamos 150 ml de consomé.

LA CREMA DE *FOIE GRAS* Y LAS VIRUTAS

1 hígado graso de pato
2 l de agua mineral con 60 g de sal marina
140 ml de consomé de miel caramelizada
  (elaboración anterior)
5 g de sal
1 g de pimienta

Preparamos una salmuera con el agua mineral y la sal. Introducimos el hígado y lo marinamos unos 30 minutos. Transcurrido este tiempo, lo retiramos y dejamos sobre un papel de cocina para eliminar el exceso de agua. Después, separamos los dos lóbulos del *foie*. Cortamos los extremos del lóbulo de mayor tamaño y lo congelamos bien tapado con plástico alimentario para que no se oxide.

Cortamos el lóbulo pequeño en tacos regulares y los trituramos junto con los recortes del grande, 400 g en total, en un robot de cocina. Añadimos asimismo el consomé recién hervido, la sal y la pimienta hasta obtener una textura de mantequilla pomada. (Jugamos con la cantidad de líquido para obtener la textura deseada). Luego, lo pasamos por un colador fino para retirar las venas y pedazos que no estén bien trabajados.

Si la mantequilla de *foie* se corta, basta con aplicar un ligero toque de calor o un poco de frío y trabajar con unas varillas, como si montásemos nata. El *foie* se esteriliza con la temperatura del caldo y la sal contenida.

Podemos dejar enfriar la mantequilla de *foie* y envasarla al vacío en paquetes de 100 a 200 g. La abatimos lo más rápido posible con el fin de evitar al máximo la oxidación. Para utilizarla de nuevo, la descongelamos a temperatura ambiente sin abrir la bolsa y, después, la remontamos en un bol con la ayuda de unas varillas. Al introducir aire, la mantequilla se empezará a oxidar, por lo que esta elaboración solo se podrá emplear una vez y durante un tiempo muy limitado.

LOS TOTOPOS DE MAÍZ

120 g de harina de maíz Maseca
160 ml de agua mineral
una pizca de sal y ají en polvo
aceite

Mezclamos todos los ingredientes en un bol para que se hidraten unos minutos. Formamos pequeñas bolas, las tapamos con un paño y las dejamos reposar un poco. Luego, las aplanamos con un rodillo formando tortillas de 2 a 3 mm. Calentamos una sartén de fondo grueso de 180 a 200 °C y cocemos rápidamente las tortillas, volteándolas tras unos segundos de cocción. El aspecto que adquieren es el de las tortillas mejicanas tradicionales para tacos. Una vez terminadas, freímos la mitad en aceite a 200 °C hasta que estén doradas. Retiramos el exceso de aceite con papel absorbente. Doramos el resto de tortillas en el horno sin grasa. Ponemos a enfriar las tortillas, tanto las tostadas como las fritas. Después, las rompemos y trituramos en un robot hasta obtener un polvo grueso pero que pase por un colador de malla.

LAS OBLEAS DE MAÍZ

láminas redondas de papel de arroz u obulato
200 g de azúcar isomalt
100 g de polvo de totopos de maíz (elaboración
  anterior)

En un cazo de buen tamaño calentamos el isomalt hasta alcanzar los 180 °C. Fuera del fuego añadimos el polvo de totopos y lo mezclamos con la ayuda de una espátula. Cuando todo esté integrado, lo colocamos rápido entre papeles antiadherentes, le pasamos un rodillo de cocina para aplanar el crujiente cuanto podamos antes de que se enfríe. Realizamos esta operación con mucho cuidado, ya que trabajamos con azúcar a muy alta temperatura. Cuando el caramelo se enfríe por completo, lo transferimos a un robot de cocina y lo trabajamos hasta reducirlo a un polvo fino y suelto. Preparamos una plantilla de teflón o silicona a la que pasamos un papel de cocina con unas gotas de aceite. Colocamos discos de obulato y, encima de estos, espolvoreamos con la ayuda de un colador el crujiente de totopos hasta formar una capa fina de 1 mm. Cocemos al horno a

180 °C durante 3 minutos aproximadamente. Después, con un rodillo o similar, damos forma de taco antes de que se enfríen de nuevo. Reservamos en un recipiente hermético de calidad o, si es posible, servimos inmediatamente después de acabar de prepararlos.

LA SAL DE VAINILLA, CAFÉ Y CHILE

100 g de sal en escamas
1 vaina de vainilla
4 g de café molido de calidad
una pizca de chile en polvo o pimienta
  de Espelette

Abrimos la vaina de vainilla por la mitad y retiramos las semillas con la ayuda de un cuchillo. En un tarro de cristal introducimos las semillas y la vaina, junto con la sal en escamas, el café y el chile en polvo. Cerramos el tarro y le damos un par de vueltas suaves completas. La sal no se tiene que trabajar porque se rompería. Las semillas se irán incorporando y repartiendo solas por la sal, mejorando al pasar los días.

LA GALLETA DE MOLE

500 g de mantequilla pomada
200 g de mole en pasta
200 g de harina de maíz Maseca
25 g de cacao en polvo
5 g de sal de vainilla

En un robot con la pala de masa trabajamos todos los ingredientes, menos el cacao, hasta que se hayan integrado. Con un rodillo estiramos la masa resultante sobre un papel de horno hasta un grosor de 5 mm aproximadamente. Horneamos durante 15 minutos a 180 °C. Cuando se haya enfriado, la picamos en un robot de cocina hasta reducirla a un polvo grueso. Luego, añadimos el cacao en polvo. Reservamos en un recipiente hermético.

EL HELADO DE MAÍZ

300 g de maíz frito tipo MisterCorn
1 l de leche de oveja
9,5 g de estabilizante Procrema de Sosa

En un robot picamos el maíz frito hasta romperlo, pero sin llegar a reducirlo a polvo. Envasamos la leche y el maíz picado al vacío y lo dejamos infusionar unas 12 horas en frío en la nevera. Transcurrido el tiempo de infusión, lo colamos con una malla de filtración. Necesitamos 850 ml de infusión de maíz. A continuación, añadimos el Procrema a los 850 ml de infusión y texturizamos con la ayuda de un túrmix hasta obtener una crema fina. Pasamos por la heladora o congelamos con nitrógeno líquido.

OTROS

brotes de cilantro o de maíz

MONTAJE

Pasamos la mantequilla de *foie* a una manga pastelera con una boquilla lisa de 6 mm. Hacemos una tira cilíndrica de crema de *foie* a lo largo de toda la parte interna del taco. Sacamos el lóbulo grande de *foie gras* congelado y lo rallamos con la ayuda de un rallador tipo Microplane para parmesano. Rellenamos el taco con virutas de *foie gras* y lo espolvoreamos con un poco de sal de vainilla, café y chile. En el centro del plato de servicio, colocamos una cucharada pequeña de crema de *foie gras*, la cubrimos con una capa de galleta de mole y, encima, una *quenelle* de helado de maíz. Luego, fijamos el taco al lado del helado con un poco de mantequilla de *foie*. Acabamos con un brote de cilantro o maíz.

Ostra con ceviche de manzana verde

LA NIEVE DE MANZANA

15 manzanas Granny Smith
5 g de ácido ascórbico
1 hoja de gelatina de 2 g

Cortamos la manzana en 8 partes, les quitamos las pepitas y espolvoreamos con ácido ascórbico. Los licuamos y dejamos reposar para que se separen la pulpa y el agua. Una vez reposado, colamos con un colador de semiesfera con malla de filtración para extraer solo el agua. Reservamos 50 ml del agua filtrada para el ceviche y la restante para la nieve de manzana. A continuación, hidratamos la hoja de gelatina en agua helada 5 minutos. Calentamos 100 ml de agua de manzana y, cuando alcance los 90 °C, añadimos la hoja de gelatina escurrida. Introducimos el decilitro de agua con gelatina en un recipiente de Pacojet con 900 ml más de agua de manzana. Mezclamos un poco con una cuchara y dejamos que se congele totalmente.

EL CEVICHE DE OSTRA

200 ml de agua de ostra
50 ml de agua pura de manzana
  (elaboración anterior)
3 g de sal
40 ml de zumo de lima
1 cayena
40 g de jengibre
40 g de cebolla tierna
5 g de manzana
4 g de hojas de cilantro
2 ostras francesas de Normandía
50 g de ultratex

Picamos la cebolla, la manzana, la cayena, el jengibre, el cilantro y las ostras (reservamos también su agua). Mezclamos todos los ingredientes, menos el ultratex, y los envasamos al vacío. Dejamos que marinen en la nevera unas 10 o 12 horas.
Una vez terminada la infusión en frío, filtramos con un colador muy fino y, con la ayuda de un túrmix, texturizamos con el ultratex. Extraemos el aire en la máquina de envasar y reservamos el ceviche en un biberón para salsas en la nevera. Esta elaboración no se puede conservar, se tiene que utilizar en el mismo día.

EL ACEITE DE CILANTRO LIOFILIZADO

300 ml de aceite MCT (triglicéridos de cadena media)
50 g de hojas de cilantro
nitrógeno líquido

Congelamos las hojas de cilantro con nitrógeno y las liofilizamos. Luego, las pulverizamos en un mortero con un poco de nitrógeno líquido hasta reducirlas a un polvo muy fino. Cuando tengamos el polvo, añadimos el aceite MCT y lo reservamos.

OTROS

brote de cilantro
ostras de Normandía de buen tamaño

MONTAJE

Limpiamos una ostra por ración. Desechamos la primera agua que suelten y procuramos que no queden restos de la concha ni impurezas. En un plato hondo, disponemos la ostra y napamos con el ceviche de ostra. Pasamos la nieve de manzana por la Pacojet en pequeñas cantidades para que quede una nieve fina y muy ligera, con la que cubrimos la ostra. Terminamos con un poco de aceite de cilantro y un brote de cilantro. Servimos sin demora.

Coliflor, caldo de sus hojas, ñoquis de sus brotes con *pilota*, caviar y emmental

EL CALDO DE HOJAS DE COL

1 kg de hojas de col
1 l de agua mineral
15 g de alga kombu
100 ml de salsa Jang

Cortamos las hojas de col de manera regular en trozos no muy grandes y las envasamos al vacío con el agua, el alga y la salsa Jang. Cocinamos a 90 °C durante 2 horas. Una vez lista la cocción, colamos la mezcla con una malla fina. Obtenemos así un consomé claro de col. Es importante presionarlas bien para conseguir todo el sabor de las hojas. Reservamos en la nevera hasta su uso.

EL BAÑO DE ALGINATO

1,5 l de agua mineral
7,5 g de alginato de sodio

Realizamos primero el baño de alginato. Para ello, combinamos la mitad del agua con el alginato y, con la ayuda de un túrmix, trabajamos la mezcla hasta que el alginato esté totalmente integrado. Añadimos entonces el resto del agua y envasamos al vacío un mínimo de 12 horas. Utilizamos esta elaboración para los ñoquis de coliflor y las esferas de emmental.

EL SUERO Y LAS ESFERAS DE EMMENTAL

600 ml de agua mineral
600 g de queso emmental
60 g de queso mascarpone
5 g de gluconolactato
baño de alginato (elaboración anterior)

Para la base y el suero de emmental, rallamos el queso muy fino y lo añadimos al agua hirviendo. Dejamos que infusione tapado durante 30 minutos. Después, lo colamos y reservamos 60 ml del suero para la elaboración de la *pilota*. Agregamos el resto de ingredientes a los 500 ml de suero restante y trabajamos con un túrmix, procurando no introducir aire con la cuchilla. Dejamos enfriar la mezcla en la nevera. Antes de utilizarla, extraemos el aire que pueda contener con la ayuda de una máquina de vacío.

Para realizar las esferas, introducimos pequeñas cantidades de mezcla con una cucharilla de 2,5 ml de capacidad. Las dejamos «cocer» durante 45 segundos. Seguidamente, las pasamos a un baño de agua mineral para eliminar los restos de alginato. Las secamos y las reservamos en aceite de oliva suave. A la hora de servirlas, las calentamos en aceite atemperado a 65 °C de 5 a 10 minutos.

LOS ÑOQUIS DE COLIFLOR

500 g de brotes de coliflor
400 ml de leche entera
300 ml de agua
150 g de mantequilla en flor
2 g de gluconolactato por cada 100 g de puré
  de coliflor
sal
baño de alginato (elaboración anterior)

Limpiamos los brotes de coliflor y los cocemos en
el agua y la leche hasta que estén bien tiernos. Los
escurrimos en un colador sin apretar y los dejamos
reposar hasta que pierdan el máximo de humedad
sin presionar y se entibien un poco. Los trituramos
en un robot de cocina y vamos añadiendo la mantequilla poco a poco. Pesamos el puré resultante,
agregamos el gluconolactato que corresponda y
volvemos a triturar hasta lograr una crema densa
y fina. Rectificamos de sal y dejamos reposar en la
nevera. Cuando haya enfriado, colocamos la mezcla
en una manga pastelera con una boquilla del grosor
que queramos para nuestros ñoquis y dibujamos
una tira dentro del baño de alginato, asegurándonos
de que quede bien sumergida. Con unas tijeras la
cortamos en segmentos del tamaño que deseemos
y dejamos cocinar los ñoquis dentro del baño durante 45 segundos. A continuación, los pasamos a
un baño de agua para cortar la cocción. Los conservamos en un recipiente hermético con aceite de
oliva. En el momento de terminar el plato, los calentamos en aceite de oliva a 60 °C.

LA *PILOTA* A BAJA TEMPERATURA

400 g de panceta cruda de cerdo sin piel
400 g de carne de ternera picada
2 huevos
60 g de zanahoria cortada en daditos de 2 mm
50 g de hojas de col picada fina
1 ajo mediano bien picado
15 hojas de perejil picadas bien finas
1 g de pimienta negra
15 g de sal
60 ml de suero de emmental (elaboración anterior)
60 g de miga de pan

Picamos las carnes dos veces en la picadora, la pasamos a un bol, añadimos el resto de ingredientes y
mezclamos bien. Con la ayuda de papel trasparente
de cocina, formamos cilindros de 3 cm de la mezcla
bien prietos. Los envasamos al vacío de uno en uno
y los cocemos en un baño de agua a una temperatura controlada de 64 °C durante 24 horas. Los
ponemos a enfriar para que cuajen bien y conserven
su forma. Al momento de terminar el plato, los cortamos en segmentos de unos 4 cm y los regeneramos al vapor unos minutos para que se calienten.

OTROS

pequeñas hojas de col de Bruselas escaldadas
  unos segundos en agua salada
caviar imperial dorado
brotes de perejil, mostaza y brócoli
aceite de oliva arbequina

MONTAJE

En el centro de un plato hondo colocamos un cilindro de *pilota* caliente. Encima, con la ayuda de una cucharilla de hacer esferificaciones impregnada en aceite y del mismo diámetro del cilindro de la *pilota*, depositamos una semiesfera de caviar. Alrededor del cilindro, disponemos 6 ñoquis de coliflor y 3 esféricos de emmental calientes. Decoramos todas las elaboraciones con los diferentes brotes y un hilo de aceite de oliva. Delante del comensal, cubrimos los esféricos y ñoquis con el caldo de hojas de col bien caliente.

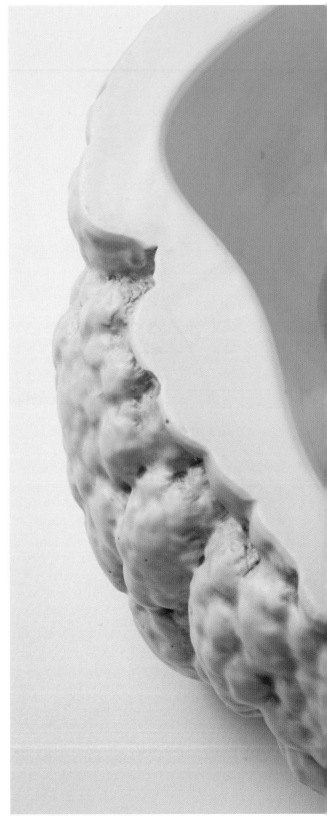

Cangrejos invasores con teja de cacao y mantequilla de avellana

LA TEJA DE CACAO

400 ml de agua
400 g de harina
5 g de azúcar
150 g de trisol (fibra de trigo)
15 g de levadura fresca
20 g de sal
25 g de cacao en polvo

Disolvemos la levadura con una parte del agua atemperada a 35 °C. En un bol de robot montador, disponemos la harina, la sal, el azúcar, el cacao y el trisol y mezclamos con unas varillas. Agregamos el agua con levadura y seguimos mezclando a potencia media hasta formar una masa (semilíquida) homogénea.

Estiramos una capa muy fina de 2 mm de masa sobre un tapete de silicona con la ayuda de un pincel y formamos tiras de 3 x 8 cm. Horneamos 8 minutos a 200 °C hasta obtener una masa crocante, fina y de color dorado.

EL VELO DE MANTEQUILLA DE AVELLANAS

500 g de mantequilla pomada
500 g de pasta pura de avellanas tostadas

Mezclamos los 2 ingredientes en un robot de pastelería con varillas hasta que esté todo muy bien integrado. Preparada la mantequilla, hacemos con ella unas láminas muy finas en una Teppan Nitro con la ayuda de una espatulina. Cortamos los segmentos necesarios para cubrir la carne de cangrejo encima de las tejas de cacao. Realizamos esta operación justo al terminar las tejas. Al salir a la sala, acercamos la teja al gratinador un segundo para que la mantequilla cubra bien la carne, pero sin llegar a fundirse.

EL CUAJADO DE CANGREJO

cangrejo azul
80 g de huevo pasteurizado
30 ml de vinagre de arroz
20 ml de salsa Jang

Escaldamos el cangrejo azul durante 1 minuto y seguidamente lo enfriamos en agua y hielo. Cogemos las pinzas, las patas y los interiores, dejando el caparazón vacío, que guardamos para otra elaboración. En un robot de cocina trituramos el resto del cangrejo durante 25 segundos y lo envasamos al vacío. Después, lo cocemos en horno a vapor a 90 °C durante 25 minutos. Una vez cocido, abrimos la bolsa y lo filtramos con la ayuda de una estameña. El caldo resultante tiene que ser intenso y transparente. Una vez que tengamos el agua de cangrejo, cogemos 260 ml (el resto lo reservamos para el montaje) y le añadimos el huevo, el vinagre de arroz y la salsa Jang y lo mezclamos con cuidado. Ponemos 3 o 4 cucharadas en un plato para hornear, lo filmamos bien con plástico alimentario para que no entre vapor y lo cocemos a 92 °C durante 12 minutos. Sacamos el cuajado del horno y lo dejamos enfriar a temperatura ambiente.

OTROS

carne de cangrejo azul
caviar

MONTAJE

Calentamos el plato del cuajado en el horno a vapor durante 2 minutos con film transparente. Retiramos el film y disponemos un poco de carne de cangrejo y tres puntos de caviar. En otro plato colocamos el caparazón del cangrejo y, encima, la teja de cacao. La cubrimos con carne de cangrejo con el velo de mantequilla de avellana. Delante del cliente, en el plato del cuajado vertemos un poco de caldo de cangrejo bien caliente.

Chawanmushi de cebollas con erizos y salsa cítrica

EL CALDO DE CEBOLLA

2 kg de cebollas de Figueres
500 ml de agua
4 granos de pimienta negra
6 g de azúcar
1 g de sal

Pelamos las cebollas y las cortamos en 4 trozos. A continuación, las envasamos al vacío con el resto de ingredientes. Cocinamos al vapor durante 12 horas a 96 °C.

Después, las escurrimos con presión y las filtramos por una malla de alambre fino para conseguir el caldo de cebollas, que reservamos.

BASE DE CHAWANMUSHI

500 ml de caldo de cebolla (elaboración anterior)
500 ml de nata (35 % MG)
370 g de yema de huevo pasteurizado
2 g de sal

Llevamos a hervor el caldo de cebolla junto con la nata y la sal; seguidamente, hacemos un baño maría invertido para enfriarlo. Entretanto, blanqueamos las yemas en un bol y añadimos la primera elaboración, que deberá estar tibia. Ponemos en el plato la mezcla y la cubrimos con film transparente de modo que la cubra perfectamente para evitar que entre agua durante la cocción. Cocinamos durante 12 minutos a 90 °C con 35 ml de mezcla por plato.

Una vez cocinada, retiramos el film y dejamos que se atempere. Pasados unos 15 minutos, colocamos el film de nuevo y reservamos hasta su uso en la nevera.

PAPEL DE CEBOLLA

1 kg de cebollas de Figueres
8 g de ultratex
colorante marrón
colorante bronce
sal
aceite de oliva

Cortamos la cebolla en juliana y la cocinamos con un poco aceite de oliva y sal, evitando que coja color. Una vez esté cocinada y bien tierna, la trituramos hasta obtener un puré muy fino. Pesamos 500 g de puré, añadimos el ultratex junto con los colorantes y trituramos de nuevo. Vamos rectificando la cantidad de colorante hasta conseguir el tono de la piel de la cebolla. A continuación, llevamos a hervor la mezcla y la estiramos en caliente sobre un silpat en finas láminas que deshidratamos a 50 °C durante unas 12 horas.

Cuando llegue el momento de su uso, las calentamos a 180 °C unos segundos para conseguir una textura más crujiente, pero evitando que se lleguen a tostar, ya que nos daría toques amargos.

SALSA CÍTRICA

100 ml de caldo de pollo
100 ml de soja
50 ml de zumo de yuzu
15 ml de sake

Mezclamos todos los ingredientes de la receta en frío para evitar la oxidación del zumo de yuzu y reservamos en la nevera hasta su emplatado.

OTROS

yemas de erizo fresco
aceite de oliva virgen extra
brotes de alga codium
aceite de oliva

MONTAJE

Añadimos al chawanmushi unas yemas de erizo frescas y, sobre ellas, una cucharada de caldo cítrico, los brotes de codium en fresco y unas gotas de aceite de oliva. Acompañamos con el papel de cebolla.

Parmentier de alcachofas con salsa de col y ají y espuma de emmental

EL PURÉ DE ALCACHOFAS

14 alcachofas
250 ml de aceite de oliva
sal

Descartamos las hojas verdes y los pistilos de las alcachofas y las envasamos al vacío con sal y un 30 % del aceite. Las retractilamos y cocemos al horno a vapor a 92 °C unos 45 minutos. Las pasamos a un robot de cocina y trituramos a velocidad máxima, emulsionando con el aceite restante. Colamos el puré con un colador fino y lo reservamos en un biberón para salsas.

LA MIGA DE PAN

300 g de pan triturado
250 g de mantequilla
sal

Derretimos la mantequilla al fuego. Una vez derretida, añadimos el pan triturado y, sin parar de remover, vamos dejando que el pan coja color dorado. Después, colamos rápidamente. Lo pasamos a papel absorbente una hora para que repose y se enfríe. Luego, sazonamos ligeramente y lo guardamos en un recipiente hermético.

LAS ALCACHOFAS SALTEADAS

10 alcachofas
aceite de oliva virgen
sal
cebollino picado

Descartamos las hojas verdes y los pistilos de las alcachofas y las envasamos al vacío con aceite y sal. Las retractilamos en agua hirviendo y las enfriamos en agua helada. Las cocemos al horno a vapor a 92 °C unos 45 minutos. Dejamos que se enfríen. Después, las cortamos en trozos de 4 x 4 cm. En el momento del servicio, se saltean con una pizca de sal y las terminamos con un poco de cebollino picado.

LA SALSA DE COL

2 dientes de ajo
75 g de ají amarillo
500 g de col rizada de hojas verdes
1 l de agua mineral
50 ml de salsa Jang
goma xantana

Picamos el ajo y el ají y los pochamos a fuego medio. Cortamos la col en juliana y la añadimos. Una vez que todo se haya pochado bien, incorporamos el agua y la salsa Jang. Cocemos hasta que se reduzca a la mitad. Lo pasamos a un robot de cocina y lo trituramos hasta que la mezcla esté bien fina. Pasamos por un colador. La texturizamos con un poco de xantana (1 g por cada 300 g de puré) con la ayuda de un túrmix y reservamos la salsa en la nevera hasta el momento del servicio.

LA ESPUMA DE EMMENTAL

600 ml de nata
500 g de emmental
sal
1 hoja de gelatina por cada 250 g

Ponemos a hervir la nata y el emmental, que previamente habremos rallado. Cuando arranque a hervir, quitamos del fuego, tapamos y dejamos que infusione unos 30 minutos. Lo pasamos por un colador fino y, en caliente, por cada 250 g añadimos una hoja de gelatina hidratada. Colamos y enfriamos en la nevera. Una vez frío, vertemos la mezcla en un sifón con 2 cargas y mezclamos bien.

LAS HOJAS DE COL RIZADA CRUJIENTE

300 g de col rizada kale
50 ml de aceite de oliva arbequina de calidad
sal fina

Lavamos las hojas en agua fría para eliminar cualquier impureza. Las secamos bien con papel de cocina, retiramos los tallos y las cortamos en segmentos regulares de 10 x 6 cm, dando prioridad a las partes rizadas y desechando el centro de las hojas grandes, que son más fibrosas. Las colocamos en un bol y las aliñamos con el aceite y la sal justa. Trabajamos con cuidado, procurando que toda la hoja se impregne de aceite. En una fuente de horno extendemos las hojas lo más planas posible y horneamos a 100 °C con ventilación durante 10 minutos. Transcurrido este tiempo, damos la vuelta a las hojas y cocinamos unos minutos más, hasta que estén bien crujientes, pero no hayan perdido su color natural. Troceamos las hojas que no queden perfectas para decorar luego las hojas grandes.

OTROS

trufa negra

MONTAJE

Ponemos en la base del plato un poco de miga de pan y la cubrimos con una buena cucharada de puré de alcachofas. Al lado disponemos unas alcachofas salteadas. Terminamos con una cucharada de salsa de col, espuma de emmental y 3 hojas de col crujientes y coronamos con trufa negra laminada fina.

Gran huevo de gruyer con cebollas concentradas, *ciabatta* a la mantequilla, vainilla Tahití y trufas

EL JUGO DE CEBOLLA

10 kg de cebollas de Figueres
50 g de sal
25 g de azúcar

Pelamos y cortamos la cebolla de Figueres en trozos de tamaño irregular. La pasamos a una gastronom honda con un poco de sal y azúcar. Tapamos muy bien con film transparente para que no entre aire y lo ponemos en el horno durante 12 horas a 115 °C en modo seco. Transcurrido este tiempo, sacamos, colamos y presionamos bien para que suelte toda el agua.

EL AGUA DE CEBOLLAS CONCENTRADAS

2 l de agua de cebolla (elaboración anterior)
2 g de goma xantana

Ponemos a reducir el agua de cebolla con la xantana hasta que adquiera textura de salsa.

LAS YEMAS DE POLLITA

huevos de pollita
agua salada a razón de 30 g por litro

Separamos las yemas de las claras y las curamos en la salmuera unos 15 minutos. Antes de hacer el esférico con el queso, las pasamos por un baño de agua limpia con la cuchara de esféricos y las dejamos secar en papel para eliminar el exceso de agua.

LAS ESFERAS DE GRUYER

1,5 l de agua mineral
7,5 g de alginato de sodio
500 ml de agua mineral
500 g de queso gruyer
60 g de queso mascarpone
5 g de gluconolactato
aceite

Realizamos primero el baño de alginato. Para ello, combinamos la mitad de la primera agua con el alginato y, con la ayuda de un túrmix, trabajamos la mezcla hasta que el alginato esté totalmente integrado. Añadimos entonces el resto del agua y envasamos al vacío un mínimo de 12 horas.

Para la base de gruyer, rallamos el queso muy fino y lo añadimos a la segunda agua. Hervimos, tapamos y dejamos que infusione durante 30 minutos. Después, lo colamos, añadimos el resto de ingredientes y refrigeramos la mezcla en la nevera.

Para realizar las esferas, introducimos una mezcla de queso y una yema curada y cubrimos con más crema de queso con la ayuda de una cuchara de esféricos de 65 ml de capacidad, como un huevo. Introducimos las esferas en el baño de alginato y dejamos que «cuezan» durante 1 minuto. A continuación, las pasamos a un baño de agua mineral para eliminar los restos de alginato. Antes de servir, cocinamos los «huevos» a 62,5 °C en agua caliente unos 30 minutos y los mantenemos a 60 °C en aceite para el servicio.

MONTAJE

Dejamos los esféricos en un baño maría a 60 °C con aceite de oliva durante 10 minutos. Una vez que estén calientes, los disponemos sobre el plato con una base de la miga de pan en círculo y el falso huevo en el centro, que cubrimos con las láminas de trufa, la mantequilla de trufa blanca, el brote de rúcula y, por último, la salsa bien caliente.

LAS MIGAS DE *CIABATTA* A LA MANTEQUILLA

200 g de pan *ciabatta* precocido y congelado
100 g de mantequilla fresca
sal y pimienta

Cortamos el pan congelado en dados y lo trituramos en un robot de cocina hasta reducirlo a migas. En una sartén las mezclamos con la mantequilla y las dejamos cocer a temperatura media, hasta se doren perfectamente. Rectificamos de sal y pimienta y las pasamos por un colador y, a continuación, por papel absorbente para eliminar toda la grasa sobrante. Dejamos enfriar las migas y las reservamos en un recipiente hermético.

OTROS

láminas de trufa
aceite de arbequina con vainilla de Tahití
brotes de rúcula joven

Bouillabaisse de carabinero con azafrán, plancton y kumquat

LOS CARABINEROS CURADOS

1 carabinero de buen tamaño por persona
sal marina

Retiramos las barbas del carabinero y lo cubrimos con sal gorda unas 2 o 3 horas. Descubrimos el carabinero delante del comensal, en el momento justo de terminar el plato. Antes del servicio, una vez retirada la sal, pelamos la parte de la cola y marcamos unos segundos a la parrilla por la cabeza y 3 o 4 segundos más por la cola. La intención de este marcado no es cocer el carabinero, sino cambiar su color de forma externa, añadir un matiz de parrilla y calentarlo. Servimos rápidamente.

EL AGUA DE KOMBU

500 ml de agua mineral
10 g de alga kombu deshidratada

Ponemos el agua a hervir. Cuando hierva, introducimos el alga deshidratada, apartamos del fuego y dejamos que infusione de 20 a 30 minutos. Colamos y reservamos.

EL TSUKANDANI

50 g de shiitake seco
1 kg de alga kombu
1 kg shiitake fresco
100 g de sake
250 g de glucosa
750 ml de salsa de soja baja en sal
250 ml de mirin
2 raíces de citronela
40 g de jengibre picado
50 g de azúcar
1 g de goma xantana

Remojamos el shiitake seco en agua fría una hora hasta que se hidrate. Asimismo, hidratamos el alga kombu en agua fría una hora. Una vez hidratada, la picamos en dados regulares de 1,5 cm. Picamos también el shiitake fresco en tiras de 1 cm. En una cazuela amplia ponemos a cocer todos los ingredientes hasta que se hayan reducido y apenas tengamos caldo en el fondo. Pasamos el guiso de setas y algas a un tapete para deshidratador y secamos a 55 °C hasta que se haya secado totalmente. Reservamos en un recipiente hermético y seco.

LA INFUSIÓN DE CARABINEROS
(una infusión para cada 2 personas)

250 g de carabineros de descarte
  (80 g de carabineros secos)
16 g de tsukandani (elaboración anterior)
300 ml de agua de kombu (elaboración anterior)
sal

Colocamos los carabineros en una secadora y los dejamos secar a 65 °C hasta que estén totalmente secos. Para la infusión, en un cazo, o en un recipiente que nos permita hacer la infusión directamente en la sala, disponemos los carabineros secos y rotos (sin corte de cuchillo) con el resto de ingredientes. Damos calor a fuego suave y, cuando empiecen a surgir pequeños borbotones, cocemos unos 15 minutos. Es importante que el recipiente esté cerrado para que el líquido se evapore lo menos posible. Terminada la infusión, la colamos y la pasamos a una tetera o recipiente de servicio. La servimos muy caliente delante de los comensales.

En un robot con la pala de masas combinamos todos los ingredientes hasta obtener una mezcla homogénea. Amasamos en forma de bola y dejamos que fermente en un bol tapado con un paño muy limpio a 25 o 30 °C de temperatura hasta que doble su volumen. Después, formamos una barra y la dejamos fermentar una segunda vez. Luego, horneamos a 185 °C durante unos 30 minutos. Cortamos el pan en dados regulares y lo secamos en un horno o deshidratadora a 55 °C. Cuando esté bien seco y crujiente, lo reservamos en un recipiente hermético en un lugar seco.

EL PAN DE PLANCTON
(picatostes de plancton)

300 g de harina panificable
140 ml de agua
40 g de plancton en polvo
20 g de levadura fresca
20 ml de aceite de oliva
10 g de azúcar
16 g de sal

PARA TERMINAR EL PLATO

anís estrellado
3 pistilos de azafrán de calidad por ración
juliana fina de piel de kumquat
aceite

MONTAJE

Cortamos la cola del carabinero en 3 o 4 segmentos y la colocamos en una taza de té o consomé. Los cubrimos con unos picatostes de plancton, tres pistilos tostados de azafrán, dos láminas de piel de kumquat fina y una pequeña raspadura de anís estrellado. Aliñamos el conjunto con un hilo de aceite y apoyamos la cabeza del carabinero en un lateral de la taza.

Delante del cliente, servimos la infusión de carabinero, unos 80 ml, bien caliente.

Acompañamos con unas toallitas húmedas para limpiar las manos después de disfrutar de la cabeza del carabinero.

Atún a la royal con texturas de ajoblanco

LA TERRINA DE *FOIE GRAS*, RAMALLO Y ESPECIAS ASIÁTICAS

500 g de *foie gras* de pato mulard
150 g de ramallo de mar
6 g de sal
1 g de pimienta negra
3 g de shichimi togarashi

Secamos el ramallo de mar en una deshidratadora a 50 °C hasta que esté bien seco. Con la ayuda de un robot hacemos un polvo con el ramallo seco y lo pasamos por un colador. Mantenemos el *foie* en agua ligeramente salada por espacio de 2 horas con el fin de desangrarlo. Después, lo limpiamos bien y lo desvenamos con cuidado de no romper demasiado el hígado. Lo cortamos en dados regulares de 1 cm aproximadamente. Aliñamos con el resto de ingredientes y cocinamos en una sartén partiendo de frío. Nos colocamos unos guantes de látex para trabajar el *foie* con las manos. Retiramos de la sartén cuando no aguantemos la temperatura en la yema de los dedos, que serán más o menos unos 65 °C. Lo enfriamos lo más rápidamente posible en una fuente, que previamente habremos introducido en el congelador, y envasamos al vacío al máximo de presión. Colocamos las bolsas de vacío entre dos placas para darles forma y las dejamos reposar un mínimo de 12 horas. Las placas de terrina tienen que tener un grosor regular de 1,5 a 2 cm.

LA PANCETA CURADA

1 panceta de cerdo ibérico
alga kombu seca

Retiramos la piel de la panceta y la cubrimos totalmente con alga kombu seca. Envasamos el conjunto al vacío y lo dejamos curar un mínimo de 12 horas.

LA ROYAL DE ATÚN

1 kg de parpatana de atún limpia cortada en dados grandes
400 g de panceta curada sin piel (elaboración anterior)
150 g de miga de pan del día anterior
250 ml de leche
300 g de chalota picada
150 g de zanahoria picada de 1 o 2 mm de grosor
300 g de setas (*boletus edulis*) picados
2 huevos
50 ml de brandy o coñac
30 g de sal
5 g de sangacho curado (opcional)
terrina de *foie* y algas (elaboración anterior)

Limpiamos las carnes y las cortamos en trozos regulares de pequeño tamaño. Salteamos las verduras y las setas hasta que adquieran un bonito tono tostado. Las dejamos enfriar. Remojamos el pan con la leche y lo añadimos a las carnes junto con el resto de ingredientes. Para la mezcla, primero pasamos por la picadora de carnes solo la panceta curada. Luego, combinamos en un recipiente esta picada de panceta con el asado de verduras y setas, los dados de atún y los otros ingredientes. Lo removemos todo ligeramente y, a continuación, pasamos el conjunto de nuevo por una picadora de carne. Mezclamos esta segunda picada hasta que esté homogénea.

Para los cilindros de royal, cortamos tiras de terrina de *foie gras* de 1,5 x 1,5 cm y las estiramos en film con un grosor de 1,5 cm de alto por unos 6 o 7 cm de ancho. En el centro colocamos la tira y la enrollamos dándole forma de un cilindro bien prieto. Envasamos al vacío. Retractilamos la bolsa durante 3 segundos en agua hirviendo y la enfriamos en agua helada. Luego, la ponemos a cocer en un baño a una temperatura controlada de 62 °C por 2 horas. Terminada la cocción, la dejamos enfriar 15 minutos a temperatura ambiente y, luego, un mínimo de 4 horas en el frigorífico. Justo antes de servir, la cortamos con el tamaño deseado y la calentamos en un horno con cierta humedad a 120 °C por 3 o 4 minutos.

LA SALSA DE TERNERA Y ATÚN

3 l de agua mineral
1 kg de retales de carne y cartílagos de ternera
500 g de recortes de atún (parpatana, tarantelo, facera o galete)
1 zanahoria
½ parte blanca de 1 puerro
4 ajos
½ ramita de apio
2 cebollas tiernas
100 ml de vino tinto
100 ml de vino de Oporto
50 g de mantequilla
sal y pimienta
aceite

Tostamos los retales en el horno a 185 °C por 30 minutos o hasta que se dore. Cortamos las verduras en dados regulares no muy grandes y las pochamos a fuego medio alto con un poco de aceite hasta que se doren. Añadimos los vinos y reducimos. En una olla amplia disponemos todos los ingredientes, salvo la mantequilla, cubrimos con agua y cocemos a fuego muy suave 5 horas. Colamos, filtramos y obtenemos un caldo oscuro y limpio, que reducimos con la mantequilla hasta que adquiera una textura untuosa. Dejamos que la salsa se enfríe en la nevera. Marcamos a la parrilla o en la sartén los recortes de atún, solo para darles un ligero dorado exterior. Luego, los envasamos con el jugo de ternera y le damos una cocción en horno a vapor a 90 °C durante 30 minutos. Terminada la cocción, reservamos la bolsa de cocción en la nevera un mínimo de 12 horas para que el jugo se impregne bien del sabor del atún y este sabor sea el predominante.

Antes de servir, calentamos la bolsa a 60 °C y pasamos el contenido por un colador. La vertemos en un cazo y, si fuera necesario, la ligamos con el líquido resultante de la cocción del atún a la royal o unas gotas de agua.

LA CREMA DE AJO

8 cabezas de ajos morados
100 g de mantequilla
80 o 100 ml de consomé de ave
sal

Quitamos la primera capa de piel de las cabezas de ajos y hacemos un corte en la parte superior, a un centímetro partiendo de la parte más alta. Colocamos los ajos en una fuente de asar con el corte hacia arriba. Laminamos la mantequilla finamente y cubrimos con ella los ajos. Asamos al horno a 160 °C de 15 a 20 minutos. Transcurrido este tiempo, les damos la vuelta a los ajos con el fin de que absorban la mantequilla y se asen por el interior. Seguimos cociendo hasta que estén hechos. Presionamos las cabezas en caliente para extraer la pulpa guisada y la trituramos con el resto de ingredientes. El porcentaje de consomé puede variar según la densidad deseada para cada receta.

EL AJOBLANCO DE ALMENDRAS

250 g de almendra marcona cruda
300 ml de agua
50 ml de aceite de oliva
2 ml de vinagre de Jerez Reserva 25 Años
1,5 g de sal

Trituramos todos los ingredientes en un robot de cocina hasta obtener un puré fino. Lo dejamos marinar unos minutos y después lo pasamos por una malla fina o superbag. Colocamos la crema resultante en un dispensador de salsas.

LAS ALMENDRAS TOSTADAS

100 g de almendra larga cruda pelada
200 ml de aceite de girasol
sal

Freímos la almendra con el aceite sin parar de remover para que el dorado sea homogéneo. Una vez frita, la sacamos, escurrimos el aceite de la fritura y la salamos ligeramente. La dejamos enfriar y reservamos en un recipiente hermético.

LAS ALMENDRAS HIDRATADAS

100 g de almendras largueta crudas
100 ml de agua mineral
sal

Escaldamos las almendras unos segundos en agua hirviendo y las pelamos. Introducimos las almendras peladas en una bolsa de vacío con el agua y una pizca de sal. Cerramos la bolsa y la dejamos reposar en la nevera 24 horas para que las almendras se hidraten y recuperen su textura de almendra fresca.

OTROS

ajo negro Cenit en dados de 3 mm
brotes de capuchina
aceite de oliva arbequina
juliana fina de piel de kumquat

MONTAJE

Hacemos dos círculos de puré de ajo en el centro de unos platos llanos con 1 centímetro de separación entre ambos. Entre los dos círculos colocamos la crema de almendras y, en el círculo central, la royal de atún atemperada. Encima, alrededor del conjunto, disponemos dos dados de ajo negro, una almendra tostada partida por la mitad, una almendra tierna partida por la mitad y dos tiras de piel de kumquat en juliana. Terminamos con unas gotas de aceite bien dispuestas sobre la crema de almendras y unas hojas de capuchina joven. Delante del cliente, napamos la royal de atún con la salsa de ternera y atún bien caliente.

Carrillera de raya *beurre blanc*, cohombros de mar, limón marroquí y Bataks

EL AGUA DE CALAMAR

400 g de carne limpia de calamar grande
500 ml de agua mineral
½ ajo morado pelado
½ hoja de laurel
5 pimientas negras
2 g de sal marina

Limpiamos el calamar y lo envasamos al vacío con el resto de ingredientes. Cerramos la bolsa y la escaldamos en agua hirviendo durante 3 minutos y, seguidamente, en agua helada. Luego, cocemos la bolsa en un baño de agua a una temperatura controlada de 72 °C durante 12 horas. Terminada la cocción, filtramos el agua y la reservamos para la elaboración de la salsa. La carne del calamar también se puede utilizar para recetas sencillas, puesto que es tierna y de sabor suave.

LA SALSA DE CALAMAR *BEURRE BLANC*

agua de calamar (elaboración anterior)
100 ml de vino blanco seco
125 g de mascarpone
0,5 g de goma xantana
sal y pimienta
50 g de mantequilla

Reducimos el vino blanco a la mitad y añadimos el agua de calamar. Seguimos reduciendo hasta la mitad. Agregamos el mascarpone, la mantequilla y la xantana, y reducimos hasta obtener una salsa densa y untuosa. Rectificamos de sal y le damos un leve toque de pimienta negra molida al momento.

LA CARRILLERA DE RAYA Y LA ESPARDEÑA ASADA

2 carrilleras de raya de buen tamaño
2 cohombros de mar
aceite de oliva
mantequilla
solución agua de mar al 33 % de sal por l

Introducimos las carrilleras y los cohombros en la solución de agua durante 10 minutos. Los secamos bien con papel absorbente y los asamos por separado a fuego vivo con un poco de aceite y a medio asar con una punta de mantequilla. El asado del cohombro tiene que ser rápido y a fuego vivo para que no quede gomoso; el de la carrillera es un asado más lento, como si se tratara de un medallón de rape. Reposamos unos segundos en un lugar cálido a 50 °C y servimos sin demora.

LAS PIELES DE LIMÓN EN SALMUERA

500 ml de agua mineral
5 semillas de cardamomo verde
4 bolitas de pimienta negra
½ ramita de canela
½ anís estrellado
25 g de azúcar
15 g de sal
la piel de 3 limones (sin la parte blanca)

Pelamos los limones y retiramos toda la parte blanca o albedo. Escaldamos las pieles 3 segundos en tres aguas distintas.

En una olla pequeña combinamos los ingredientes restantes y damos un ligero hervor. Juntamos la marinada con las pieles y dejamos que enfríe. Después, la envasamos al vacío y la marinamos en la nevera un mínimo de 24 horas. Para el servicio, cortamos la piel de limón en juliana muy finita.

OTROS

caviar ahumado
salicornia
aceite de oliva arbequina
pimienta de Bataks molida

MONTAJE

Justo antes de emplatar, asamos las carrilleras y los cohombros y salteamos brevemente también unos brotes de salicornia.

Colocamos en el centro del plato las dos carrilleras guisadas bien salseadas con la *beurre blanc*. Disponemos a un lado los cohombros asados. Adornamos con unos toques de caviar ahumado, unas tiras de piel de limón en salmuera y unas gotas de aceite virgen extra. Terminamos con un poco de pimienta de Bataks recién molida.

Mar y montaña de cigalas y alitas de corral con choron, picada y chipotle

EL JUGO DE POLLO CONCENTRADO

1,5 carcasas y huesos de pollo
2 litros de agua mineral
200 ml de vino de Oporto
100 ml de coñac o brandy
2 cebolletas
1 cebolla
1 ramita de apio
½ parte blanca de 1 puerro
5 ajos morados
1 hoja de laurel
1 ramita de tomillo
50 g de mantequilla
sal y pimienta
aceite

Cortamos las carcasas en pedazos regulares y las desangramos en agua muy fría durante 5 minutos. Las colocamos en una fuente amplia para asar. Las cocemos a 180 °C hasta que queden bien asadas. Hacemos una bresa con las verduras peladas y las salteamos en una sartén con aceite para que tomen color. Cuando las carnes estén bien tostadas, añadimos las verduras salteadas y cocemos unos minutos más. Desglasamos la fuente con los licores y rectificamos de sal y pimienta. Pasamos el conjunto a una olla con el agua. Cocemos un par de horas a fuego moderado y, después, filtramos con un colador chino. Reducimos la salsa con la mantequilla hasta obtener un jugo con textura bien concentrado.

LAS ALITAS A BAJA TEMPERATURA

1 kg de alitas de pollo de caserío
250 ml de aceite de oliva arbequina
12 g de sal
6 g de pimienta negra
3 g de pimentón de La Vera
2 g de ajo en polvo
2 g de hierbas de la Provenza
1 g de comino en polvo

Limpiamos las alitas y retiramos posibles plumas. Las cortamos por las partes medias y desechamos las puntas. Reservamos la primera falange para otras elaboraciones o para preparar la salsa de pollo de caserío. Pasamos una llama por la parte media de las alas (la segunda falange) sin cocinar la piel. Hacemos una marinada con el resto de ingredientes y la envasamos en una bolsa de cocción con un hilo de aceite de arbequina. Sellamos la bolsa, la escaldamos en agua hirviendo y luego la enfriamos en agua helada para retractilarla. Cocinamos al vacío en un baño de agua a una temperatura controlada de 64 °C por espacio de 24 horas. Terminada la cocción, practicamos un corte con un cuchillo muy afilado en las puntas, deshuesamos con mucho cuidado de no romper la carne o la piel, la envasamos de nuevo al vacío con un poco de aceite y la reservamos. Al momento de servir, salamos las alitas y las asamos por un lado en una sartén con una gota de aceite bien caliente, cortamos las puntas y partimos por la mitad. Pincelamos la parte asada con el jugo de pollo de caserío y damos un golpe de gratinador hasta que la pieza esté caliente. Servimos sin demora.

LAS CIGALAS

cigalas de tamaño medio, 2 por ración
500 ml de agua mineral
15 g de sal
aceite de oliva

Separamos las cabezas de las cigalas de las colas y las reservamos para el caldo. Pelamos las colas, retiramos las cáscaras y el conducto intestinal que recorre el lomo. Por otra parte, mezclamos el agua y la sal y dejamos reposar hasta que la sal esté bien disuelta. Antes de terminar el plato, introducimos las colas un par de minutos en el baño de agua para salarlas. Las sacamos y escurrimos bien, las aliñamos con un poco de aceite de oliva y las marcamos en una sartén solo por la parte superior. Cuando hayan adquirido un dorado ligero, las dejamos reposar 1 minuto en un lugar cálido a 55 °C. Las servimos sin demora.

LA SALSA DE CIGALA

2 kg de cabezas de cigala
4 l de agua
3 cebollas grandes
250 g de pasta de tomate concentrada
50 g de chile chipotle ahumado en conserva
1 cabeza de ajos
300 ml de vino blanco

En una olla rehogamos la cebolla y el ajo. Seguidamente incorporamos las cabezas de cigala troceadas y rehogamos el conjunto hasta que tome un color dorado intenso. Añadimos entonces el tomate y el chile, damos un poco más de cocción y desglasamos con el vino blanco. En cuanto este haya reducido, agregamos el agua y hervimos todo 40 minutos. Después, colamos bien el cado para eliminar impurezas y lo ponemos a reducir al fuego hasta obtener una salsa con textura y mucho sabor.

LA CHORON ESPUMOSA DE CIGALA

150 g de mantequilla clarificada
20 ml de vinagre de estragón
60 ml de salsa de cigala (elaboración anterior)
2,6 g de sal
1 yema huevo
1 huevo
50 ml de agua

En una bolsa pequeña introducimos el huevo, la yema y el agua y cocinamos la mezcla a 62,5 °C durante 20 minutos. En un sifón introducimos la mantequilla clarificada caliente, la salsa de cigala caliente, la sal y la bolsa del huevo después de cocinarla. Incorporamos un par de cargas al sifón y lo movemos con energía hasta que salga una espuma densa caliente.

LA SALSA DE PEREJIL

200 g de perejil escaldado (solo la hoja)
500 ml de agua mineral
sal
1 g de goma xantana

En un túrmix trituramos el perejil y la sal con el agua hasta que quede todo bien fino. Lo pasamos por un colador y añadimos la xantana, volvemos a triturar con túrmix a velocidad mínima para que no entre aire. Después, lo filtramos por un colador de malla muy fina. Guardamos la mezcla en un biberón para salsas.

LA CREMA DE AJO

6 cabezas de ajos
100 g de mantequilla
50 ml de agua
sal
aceite de oliva

Cortamos la punta de las cabezas de ajo, disponemos los ajos en una fuente de horno y cubrimos con un dado de mantequilla cada ajo por la parte donde hemos cortado. Cocemos en el horno a 170 °C durante 10 minutos. Transcurrido el tiempo, les damos la vuelta a los ajos y cocemos unos 15 o 20 minutos más, hasta que queden cocidos. Sacamos los dientes de ajo con la mano, los pasamos a un robot de cocina y los trituramos a velocidad máxima. Rectificamos de sal y vamos añadiendo agua según la textura deseada y emulsionamos con aceite de oliva. Pasamos por un colador y guardamos la crema en un biberón para salsas.

EL PRALINÉ DE ALMENDRA

500 g de almendra pelada cruda
50 ml de aceite
2 g de sal

Freímos la almendra en el aceite sin parar de remover para que el dorado sea homogéneo. Una vez frita, la sacamos y escurrimos. En un robot de cocina la trituramos con la sal hasta conseguir un praliné. Lo colamos y guardamos en un biberón para salsas.

OTROS

brotes de perejil rizado
brotes de perifollo
aceite

MONTAJE

Hacemos dos círculos en el centro de un plato llano, uno de puré de ajo y otro de praliné de almendras, con un centímetro de separación entre ambos. Rellenamos el espacio entre los dos círculos con la salsa de perejil. En el centro de esta composición colocamos una alita de pollo, la glaseamos con el jugo y, al lado, ponemos una cigala. Repetimos la operación con una alita y una cigala encima, pero a la inversa. Decoramos con brotes de perejil y perifollo y rociamos unas gotas regulares de aceite sobre la crema de perejil. Delante del cliente, disponemos la choron de chipotle espumosa.

Raviolis y carnes asadas de pichón *suzette* con setas y trufa

EL RELLENO ROYAL DE PICHÓN

200 g de carne limpia de pichón y oca a partes
30 g de papada de cerdo confitada
50 g de *foie gras* fresco
10 ml de armañac
10 ml de vino de Oporto
30 g de pan del día anterior
30 ml de leche
1 yema de huevo
25 g de cebolleta
60 g de zanahoria
6 g de sal
pimienta
aceite

Limpiamos todas las carnes y las cortamos en trozos regulares de pequeño tamaño. Picamos las verduras y las salteamos hasta que adquieran un bonito tono tostado. Las dejamos enfriar y luego las añadimos a las carnes. Remojamos el pan con la leche y lo agregamos a las carnes con el resto de ingredientes. Pasamos el conjunto por una picadora de carne y lo envasamos al vacío formando una placa de 1,5 cm de grosor. Retractilamos la bolsa durante 3 segundos en agua hirviendo y seguidamente la enfriamos en agua helada. La ponemos a cocer en un baño a una temperatura controlada de 64 °C por espacio de 36 horas. Terminada la cocción, dejamos enfriar la bolsa 15 minutos a temperatura ambiente y luego un mínimo de 4 horas en el frigorífico.

LOS RAVIOLIS DE PICHÓN

300 g de harina de trigo
300 g de semolina
6 huevos L
la raspadura de 1 naranja
relleno royal de pichón (elaboración anterior)

Mezclamos todos los ingredientes, menos la royal, en la amasadora de repostería con la pala de masa y trabajamos a velocidad media hasta integrar todos los elementos. Sacamos la mezcla de la máquina y terminamos de amasar a mano. Envolvemos la masa en film transparente y la dejamos reposar durante 1 hora en la nevera. Después, la estiramos hasta llegar al número 7 de grosor y la rellenamos, calculando que haya la misma proporción de relleno royal y masa. Plegamos el ravioli y lo reservamos con semolina hasta la cocción. Los cubrimos bien con film transparente para evitar que se nos sequen.

LA SALSA DE PICHÓN

1 kg de huesos, carcasas y recortes de pichón
1 cebolla mediana
3 ajos
1 zanahoria
1 tomate maduro
la parte blanca de 1 puerro
½ ramita de apio
¼ bulbo de hinojo
100 ml de armañac
100 ml de vino de Oporto
2,5 l de agua mineral
50 g de mantequilla
sal y pimienta

En una cazuela asamos los recortes y las carcasas de pichón hasta que tomen un bonito color tostado. Añadimos las verduras limpias y cortadas en tamaños regulares, primero los ajos, luego las zanahorias y, por último, las cebollas. Cuando se hayan dorado, agregamos el puerro, el apio y el bulbo de hinojo. Dejamos cocer a fuego vivo y acabamos añadiendo los tomates. Asadas las verduras, las desglasamos con los licores y mojamos hasta cubrir bien con el agua. Las ponemos a cocer a fuego suave de 4 a 6 horas. Terminada la cocción, filtramos el jugo y lo reducimos con un poco de mantequilla hasta obtener una salsa potente y untuosa. Rectificamos de sal y pimienta.

LA SALSA *SUZETTE* SALADA

150 ml de zumo de naranja recién exprimido
  y filtrado
50 g de mantequilla
35 ml de Cointreau o Grand Marnier
25 g de lactosa en polvo por ración
sal

En una fuente con papel antiadherente espolvoreamos la lactosa y cocemos en el horno sin aire a 180 °C hasta que se caramelice. Dejamos que enfríe y, después, la pasamos por un robot a velocidad suave y, por último, por un colador hasta conseguir un polvo.

Delante del cliente, calentamos un *sauté* de cobre, añadimos un poco de mantequilla y los 25 g de lactosa caramelizada. Cuando se funda la mantequilla y todo se integre, incorporamos el licor y flambeamos. Agregamos el zumo de naranja y el resto de mantequilla, rectificamos de sal y dejamos que reduzca hasta conseguir una textura de salsa densa.

LA PECHUGA DE PICHÓN ASADA

pichones de sangre
aceite de arbequina
sal y pimienta

Deshuesamos los pichones y reservamos los higadillos, las alas, las carcasas, los recortes y los muslos para la salsa. Envasamos las pechugas al vacío con el aceite de oliva. En el momento de terminar la receta, colocamos la bolsa de cocción en un baño a una temperatura controlada de 55 °C durante 15 minutos. Abrimos la bolsa y salpimentamos las pechugas. Calentamos una sartén a fuego medio-alto y doramos las pechugas por la parte de la piel. Cuando esté bien dorada, cocinamos unos segundos más por la parte sin piel para obtener un dorado ligero, pero sin cocinar demasiado la carne. Reposamos las pechugas 2 o 3 minutos en una estufa caliente a 50 °C mientras montamos los platos. Al colocar el pichón en el plato, hacemos un corte longitudinal para buscar una presentación atractiva de las carnes y ver si el punto de cocción es correcto.

OTROS

pieles de kumquat
chantarelas de pequeño tamaño
trufa negra (*tuber melanosporum*) cortada primero
  en láminas y después en juliana fina
sal

Cocemos los raviolis 2 minutos en agua hirviendo con un punto de sal. En un plato llano colocamos los raviolis y al lado un corte de pichón. Terminamos esta parte del emplatado con 2 o 3 chantarelas pequeñas salteadas con mantequilla y sazonadas, y unas láminas de piel de kumquat. Delante del cliente, salseamos todo el conjunto con 1 cucharada de salsa de pichón y 2 o 3 cucharadas de salsa *suzette* salada. Para terminar, coronamos con una juliana de trufa negra.

Tartaleta madurada de ternera royal con tendones, caviar ahumado, vela de txuleta y *focaccia* de su grasa

EL PURÉ DE VERDURAS ASADAS

2 cebollas de Figueres
2 zanahorias medianas
150 g de apio
la parte blanca de 1 puerro
1 ajo
25 ml de aceite de oliva
50 g de mantequilla
sal y pimienta negra
agua mineral

Limpiamos, retiramos pieles y picamos las verduras en dados regulares de 1 cm. Las asamos a fuego medio-alto con el aceite hasta que tomen un bonito color tostado. Añadimos la mantequilla al asado de las verduras y salpimentamos. Salteamos hasta que se termine de asar y lo mojamos con agua hasta cubrir las verduras. Guisamos el conjunto durante unos 15 minutos a fuego medio. Después lo trituramos en un robot de cocina hasta obtener un puré cremoso. Pasamos por un colador y reservamos.

LA TARTALETA

350 g de harina floja tamizada
70 de grasa de chuleta madurada atemperada
  a 40 °C
7 g de azúcar
7 g de sal
30 g de yema de huevo pasteurizada
120 g de puré de verduras asadas (elaboración
  anterior)

En una amasadora disponemos todos los ingredientes y amasamos con el gancho durante 6 minutos. Hacemos porciones de 20 g de masa y las pasamos por la máquina de estirar pasta hasta el número 9. Untamos bien los moldes de tartaleta con mantequilla o grasa antiadherente. Colocamos la lámina de masa en el molde, asegurándonos de que quede bien adaptada a los bordes, encima de la tartaleta ponemos otro molde para crear presión. Recortamos la masa sobrante y horneamos a 160 °C hasta que esté dorada y crujiente, unos 10 minutos.

LA ROYAL DE TERNERA

500 g de maxilar superior de ternera (una carrillera pequeña)
200 g de papada de cerdo
75 g de hígado de pato
35 ml de brandy o coñac
75 g de miga de pan del día anterior
100 ml de leche
18 g de sal
2 g de pimienta negra
50 g de chalotas picadas
50 g de zanahoria escaldada y picada fina
125 g de setas (*boletus edulis*) picadas finamente
90 g de huevo entero batido

Limpiamos, pulimos y cortamos las carnes en trozos de unos 4 cm de diámetro. En un bol remojamos la miga de pan con la leche. En una sartén sofreímos ligeramente las verduras picadas hasta que tomen un poco de color. Añadimos las setas picadas. Salteamos hasta que el conjunto tenga un dorado suave. Lo dejamos enfriar. En un bol de buen tamaño mezclamos las carnes junto con el pan remojado (o panada), el sofrito, el huevo, la sal y la pimienta. Combinamos bien todos los ingredientes y los pasamos por la picadora de carne un par de veces. Envasamos la farsa de carne en bolsas de vacío procurando formar placas de 1,5 cm de grosor. Escaldamos las bolsas en agua hirviendo 3 segundos y, seguidamente, las pasamos a agua helada. Cocemos las placas en un baño de agua a una temperatura controlada de 70 °C por un espacio de 24 horas. Terminada la cocción, las dejamos reposar ½ hora a temperatura ambiente y luego un mínimo de 3 horas en la nevera.

SALSA CAFÉ DE PARÍS DE TERNERA MADURADA

1 kg de grasa de chuleta madurada
10 g de perejil
5 g de tomillo
5 g de romero
5 g de orégano
5 g de eneldo
5 g de cebollino
30 g de chalota
3 g de pimentón ahumado
10 ml de brandy
10 g de curry rojo
1 diente de ajo
10 g de alcaparras
10 g de pepinillo encurtido
5 g de pimienta negra molida
10 ml de salsa Perrins
5 gotas de tabasco
2 filetes de anchoa
1 cayena
20 g de pasta de tomate concentrado
10 g de mostaza en grano
12 g de sal

Hacemos primero una pasta con todos los ingredientes, salvo la grasa, picados y triturados. Después añadimos a la pasta la grasa de chuleta a unos 30 °C y que habremos filtrado bien. Lo trituramos un par de minutos en un robot para formar una mezcla homogénea. La conservamos en la nevera para ir recuperándola en pequeñas cantidades. En el servicio, la mantenemos a temperatura ambiente y la batimos para emulsionarla justo antes de servir.

LA SALSA DE TERNERA

2,5 kg de retales de ternera
250 ml de vino tinto de calidad
250 ml de coñac o brandy
10 l de agua mineral
300 g de cebolla
25 g de puerro
250 g de zanahoria
200 g de tomate maduro
100 g de apio
80 g de champiñón
80 g de nabo
80 g de hinojo
50 g de ajo
150 g de mantequilla de calidad
sal
pimienta

En una fuente de asar disponemos los retales, que habremos cortado en trozos regulares, aliñamos con un poco de aceite, sal y pimienta y lo tostamos a 180 °C hasta que todo el conjunto adquiera un bonito tono tostado. Limpiamos, pelamos y picamos las verduras *grosso modo*. En una cazuela amplia con un poco de aceite asamos todas las verduras, menos el tomate, hasta que se doren. Reducimos a la mitad. En una cazuela combinamos las carnes asadas, las verduras, los licores, que habremos reducido, y los tomates cortados en cuartos y mojamos con el agua. Cocemos a fuego suave un mínimo de 6 horas. Terminada la cocción, colamos el caldo resultante y lo reducimos en un rondón con la mantequilla hasta obtener una salsa densa, brillante y muy sabrosa.

TENDONES DE TERNERA

1 kg de tendones de ternera

Limpiamos los tendones y salpimentamos. Los envasamos al vacío Y cocinamos durante 12 horas a 95 °C. Los mantenemos tibios en su propia salsa antes de servir.

LA VELA DE TXULETA

1 kg de grasa de cerdo ibérico
huesos de rodilla de ternera madurada
10 g de mantequilla de trufa blanca
10 g de glicerina
sal
aceite de oliva

Envasamos todos los ingredientes al vacío y dejamos que infusionen a 90 °C un par de horas en el horno a vapor. Transcurrido este tiempo, los dejamos reposar en la nevera un mínimo de 24 horas. Calentamos de nuevo la bolsa en un baño de agua a 50 °C y filtramos el contenido con la ayuda de un colador de malla fina. Preparamos pequeños cilindros de PVC alimentario de unos 10 cm de alto por 1,5 de diámetro. Cortamos segmentos de hilo de bridar de 12 cm de alto y los impregnamos de aceite de oliva. Introducimos el tubo de PVC. Fijamos el centro del tubo con la ayuda de cinta adhesiva y sellamos con ella el tubo para que la grasa perfumada no salga. Rellenamos los tubos con la mezcla y reservamos en el congelador. En el momento de servir, retiramos el plástico y cortamos el hilo, dejando asomar 1 cm de este. Lo colocamos en un portavelas de cristal con superficie para poder mojar la *focaccia*.

LA *FOCACCIA* DE HIERBAS

500 g de harina de fuerza
500 g de semolina
400 g de puré de patata
550 ml de agua mineral
100 ml de aceite de oliva virgen extra
12 g de azúcar
30 g de sal en escamas
30 g de levadura fresca
romero
tomillo
aceite de oliva

En la amasadora mezclamos con el accesorio del gancho la harina junto con la semolina, el azúcar y las hierbas. Añadimos a hilo el agua a 30 °C junto con la levadura disuelta, a continuación, el aceite de oliva virgen extra y, por último, la sal. Dejamos que fermente 2 horas en bloque en la nevera. Después, lo pasamos a una cazuela con abundante aceite de oliva en porciones de 120 g. Esta segunda fermentación será a 35 °C durante 40 minutos con un 75 % de humedad. Practicamos unos agujeros con los dedos humedecidos en aceite y seguimos fermentando en torno a 20 minutos más. Acabamos con el aceite infusionado con las hierbas aromáticas y la sal en escamas y horneamos a 200 °C con un 30 % de humedad durante 12 minutos. Cortamos la *focaccia* en 6 porciones y la servimos tibia.

OTROS

30 flores de romero
caviar ahumado

MONTAJE

Hacemos una *quenelle* de 20 g de royal tibia y la introducimos en la tartaleta. Cubrimos con salsa de ternera. Con la emulsión de grasa hacemos un rasgado en toda la parte superior, tal y como se ve en la foto. Por último, colocamos el tendón guisado a un lado y, encima de la grasa para que así se sujete bien, 4 unidades de flor de romero. Ponemos en un lado la *focaccia* tibia para acompañar el plato y la vela de grasa de chuleta de ternera.

Jarrete de cordero con aliláceas, pequeñas alcachofas y cuajada de leche a la vainilla

LOS JARRETES DE CORDERO

4 jarretes de cordero
4 ajos
40 ml de aceite de oliva
4 ramitas pequeñas de tomillo
4 ramitas pequeñas de romero
sal y pimienta

Pelamos los ajos y los asamos en el aceite partiendo de frío. Cuando estén asados, los sacamos del aceite. Envasamos cada jarrete bien salpimentado. Añadimos a cada bolsa de cocción 50 ml de jugo de cabrito, una hojita de romero y una de tomillo. Añadimos un ajo asado y envasamos las piezas al vacío. Escaldamos cada bolsa en agua hirviendo durante 3 segundos con el fin de retractilarlas. Enfriamos con agua fría. Colocamos las bolsas en un baño de agua a 63 °C. Mantenemos esa temperatura durante 24 horas. Pasado este tiempo, cortamos la cocción con agua helada y reservamos las bolsas secas en la cámara.

EL JUGO DE CORDERO

2 kg de huesos y recortes de cabrito o cordero
6 l de agua
4 tomates maduros
2 zanahorias medianas
2 cebolletas
1 cebolla
la parte blanca de 1 puerro
1 ramita pequeña de apio
1 cabeza de ajos
1 ramita de romero
300 ml coñac o brandy
100 g de lactosa en polvo (por cada 250 ml de salsa de cordero)
50 ml de nata para cocinar (por cada 240 ml de salsa de cordero)
aceite

Colocamos los huesos de cabrito en una fuente y los asamos con un poco de aceite hasta que tomen un bonito tono dorado. Añadimos todas las verduras y las hierbas aromáticas, limpias y troceadas menudas. Asamos el conjunto hasta que quede bien dorado y desglasamos con el licor. Lo transferimos a una olla con el agua y cocemos a fuego muy suave de 3 a 4 horas. Lo pasamos por un colador chino y reducimos hasta obtener una salsa densa. Espolvoreamos la lactosa en polvo con la ayuda de un colador fino encima de un tapete de cocción, dando un grosor homogéneo. Colocamos en el horno sin viento a 180 °C hasta que la lactosa adquiera un suave tono caramelo. Sacamos del horno y dejamos enfriar.

Después, rompemos la lactosa caramelizada y la introducimos en un cazo con la nata. La hacemos cocer a fuego mínimo hasta que la lactosa se funda y obtengamos un tofe que tendrá su sabor, pero no será dulce. Añadimos el tofe a 250 ml de fondo de cordero bien reducido y damos un hervor antes de utilizarlo.

CREMA DE AJO ASADO

3 cabezas de ajos
1 vaina de vainilla picada fina
30 g de mantequilla
50 ml de consomé o caldo de pollo
sal

Envolvemos en papel de aluminio las cabezas de ajos junto con la mantequilla y la vainilla y lo ponemos a asar durante 45 minutos a 170 °C. Lo dejamos enfriar y, después, extraemos toda la carne del ajo. La mezclamos con el caldo y trabajamos con un túrmix hasta conseguir una crema untuosa. Rectificamos con un poco de sal y reservamos en caliente.

SALSA/TOFE DE CORDERO

1 kg de recortes, cuello y huesos del cordero
  lechal
2,5 l de agua mineral
150 ml de vino blanco seco
1 cebolla
4 chalotas
½ parte blanca de 1 puerro
1 ajo
2 tomates
perejil
50 g de lactosa
mantequilla

Doramos la carne, los huesos y los recortes de cordero lechal. Agregamos las verduras, limpias y cortadas en dados regulares, y seguimos dorando a fuego vivo hasta tener un conjunto dorado. Añadimos el vino blanco y evaporamos. Incorporamos el agua y dejamos que cueza durante 2 horas. Mientras se cocina el caldo, espolvoreamos la lactosa en una fuente con papel antiadherente y la cocemos al horno sin aire a 180 °C hasta que se caramelice. Dejamos enfriar y la rompemos ligeramente.

Una vez hecho, colamos el jugo de cordero, lo reducimos con un poco de mantequilla y con la lactosa caramelizada hasta que adquiera una textura densa y untuosa.

EL ACEITE AHUMADO DE PINO

200 ml de aceite de girasol
madera de haya y hojas de pino
esencia de pino

Ahumamos en frío el aceite con la madera de haya y las hojas de pino. Si el sabor a pino no es muy intenso, añadimos unas gotas de esencia de pino. El sabor a ahumado y del pino tienen que ser intensos y estar bien equilibrados.

LAS PEQUEÑAS ALCACHOFAS

alcachofas mini (4 o 5 por ración)
aceite de pino ahumado (elaboración anterior)
sal

Limpiamos las alcachofas dejando las hojas enteras. Las envasamos con aceite de pino ahumado y cocinamos al vacío como las costillas de cordero, durante 45 minutos a 85 °C. En el momento de terminar la receta, las cortamos por la mitad y las marcamos en una brasa.

LA CUAJADA DE LECHE DE OVEJA

300 ml de leche fresca de oveja ecológica
1 vainilla
8 gotas de cuajo vegetal

Calentamos la leche a 55 °C con la vaina de vainilla, mezclamos y dejamos que la leche cuaje *a la minute* con el cuajo vegetal delante de los comensales.

OTROS

brotes jóvenes de pino
aliláceas

MONTAJE

Antes de servir la pieza, asaremos el jarrete en el horno a 200 °C hasta que esté dorado y lo glasearemos con la salsa de cordero bien untuosa. El servicio de las carnes se realizará delante del comensal, deshuesando la pieza y racionándola. Para el plato de presentación, dispondremos en un plato llano, un trazo de crema de ajos y encima, de manera elegante, las pequeñas alcachofas, terminaremos con la carne deshuesada, una cucharadita de cuajada, brotes jóvenes de pino, aliláceas y un hilo fino de aceite ahumado. Acabamos glaseando un poco el conjunto con toffe de cordero.

Quesos en esfera con pompas de miel caramelizadas

EL SUERO DE QUESOS

100 de queso parmesano
100 g de queso comté
100 g de queso roquefort
100 g de queso idiazábal ahumado
100 g de queso gruyer
100 g de queso manchego curado
800 ml de leche desnatada

Quitamos la piel al queso y lo cortamos en dados. En una olla combinamos 600 g queso con 800 ml de leche desnatada y lo ponemos al fuego mezclando de vez en cuando. Cuando empiece a hervir, retiramos del fuego y tapamos con film transparente unos 30 minutos para que infusione. Colamos por superbag y nos quedamos con el suero.

EL BAÑO DE ALGINATO

6 l de agua mineral
36 g de alginato

Trituramos todo y lo mezclamos bien hasta que se disuelva el alginato.

NOTA:
Debe reposar como mínimo 12 horas en la nevera.

ESFERAS DE QUESOS

100 ml de suero de queso
1 g de gluconolactato
65 g de mascarpone
1 l de baño de alginato (elaboración anterior)
aceite de girasol

Por cada 100 ml, añadimos al suero 1 g de gluconolactato y 65 g de mascarpone, que nos aportará el punto de textura cremosa. Esferificamos 1 minuto en el baño de alginato, lavamos y reservamos en aceite de girasol hasta el emplatado.

LA COMPOTA DE ALBARICOQUE SECO

50 g de albaricoque seco
50 g de almíbar TPT

LA COMPOTA DE MEMBRILLO

50 g de membrillo
40 ml de almíbar TPT

LA COMPOTA DE DÁTIL

50 g de dátil sin hueso
50 g de almíbar TPT

LA COMPOTA DE PASAS

50 g de pasas sin hueso
50 ml de almíbar TPT

Remojamos las frutas secas en agua tibia una hora.
Después las escurrimos y las cortamos en dados.
Trituramos con el almíbar con la ayuda de un robot
de cocina. Cuando hayan adquirido la textura de
una mermelada cremosa, las reservamos en una
manga en la nevera hasta el emplatado.

LAS POMPAS DE MIEL CARAMELIZADA

300 g de miel
300 ml de agua
80 g de clara de huevo pasteurizada
100 g de hielo seco

Caramelizamos la miel hasta que tenga un tono tostado similar a cuando realizamos un caramelo para
flan. Después, añadimos el agua con cuidado, ya
que puede salpicar por el contraste de temperatura,
retiramos las posibles impurezas y dejamos enfriar.
Una vez que la mezcla se haya enfriado totalmente,
agregamos la clara de huevo. Por último, disponemos
mos 30 g de hielo seco en cada recipiente por los
120 ml de mezcla para realizar las pompas delante
del comensal.

OTROS

crujiente de pan
flor de oxalis, borraja y salvia
hojas de mandarina y cilantro
kumquat

MONTAJE

Emplatamos los elementos de las elaboraciones en
el siguiente orden, en forma de circulo, en el sentido
contra horario y acabando en el centro con el queso
de mayor intensidad:

1º Esférico de queso manchego, crujiente de pan
y compota de dátil con flor de oxalis.
2º Esférico de queso parmesano con hoja de
mandarina, kumquat y compota de pasa.
3º Esférico de queso comté con compota de
membrillo y flor de borraja.
4º Esférico de queso gruyer con confitura de dátil
y pétalos de oxalis.
5º Esférico de roquefort con confitura de albaricoque y hoja de cilantro.
6º Esférico de queso idiazábal con confitura de
pasas y flor de salvia.

Al lado servimos las pompas, que realizamos en la
mesa para crear el efecto visual y añadir el sabor de
la miel a la degustación del plato.

Tarta helada de albahaca, manzana verde y menta

BASE DE MERENGUE

550 ml de licuado de manzana verde
85 g de base de metil celulosa
25 g de trisol
1 g de goma xantana

100 ml de licuado manzana verde
1 g de goma xantana
colorante verde

Cortamos manzanas en octavos, retiramos solo las semillas y las introducimos en un baño de agua fría con una cucharadita por litro de ácido ascórbico para evitar la oxidación. Licuamos las manzanas y el jugo resultante lo pasamos a botellas de precipitación. Dejamos reposar hasta que el zumo se separe en dos fases. Entonces abrimos el grifo de la botella y extraemos el líquido translúcido hasta obtener 650 ml de agua pura de manzana. Mezclamos con un túrmix las dos recetas indicadas en jarras separadas hasta integrar bien la xantana. Dejamos que reposen en frío durante 12 horas. Luego, montamos la primera parte de la receta en un robot de repostería con las varillas. Cuando se haya montado bien, añadimos la segunda. Introducimos el merengue de manzana en una manga pastelera y llenamos unos aros redondos con 2 cm de altura por 5 cm aproximadamente. Colocamos los moldes en una deshidratadora a 65 °C unas 8 horas. Una vez que lo tengamos seco, lo reservamos en un táper para evitar que se humedezca.

HELADO DE MENTA Y ALBAHACA

500 ml de agua mineral
50 g de glucosa en polvo
160 g de azúcar
4 g de estabilizante para sorbete
25 ml de glicerina
100 ml de zumo de lima
35 g de menta fresca
30 g de albahaca fresca
ácido ascórbico

Llevamos el agua hasta 40 °C y añadimos todos los polvos y la glicerina. Subimos hasta 83 °C y lo dejamos enfriar completamente. Una vez que la mezcla esté fría, incorporamos el zumo de lima más las hojas de menta y albahaca, junto con una pizca de ácido ascórbico para evitar la oxidación. Trituramos con el robot de cocina a máxima potencia durante 1 minuto y la colamos. La pasamos rápidamente a una máquina de helados y la mantecamos para evitar la oxidación. Reservamos el helado a -18 °C.

DISCOS DE MANZANA OSMOTIZADA

1 manzana (elaboración anterior)
100 ml de agua de manzana
2 g de ácido cítrico

Cortamos la manzana a 1,5 mm con la máquina y la troquelamos con el molde circular correspondiente. A continuación, la introducimos en una bolsa al vacío con el agua de manzana y el ácido cítrico y la reservamos un mínimo de 2 horas en la nevera.

GEL DE RAIFORT

500 ml de agua de manzana (elaboración anterior)
4 g de agar-agar
1 cucharada de raifort

En un cazo llevamos el agua de manzana con el agar-agar a hervir durante un minuto. Dejamos que enfríe para crear la gelatina. Después, trituramos con un túrmix y añadimos el raifort, que habremos rallado, hasta lograr un picante justo. Volvemos a triturar y colamos.

OTROS

3 hojas de atzina

MONTAJE

Cortamos el merengue de manzana en 2 discos. Sobre el primero, ponemos el disco de helado de menta y albahaca. Colocamos encima un disco más de merengue y cubrimos con 7 discos de manzana osmotizada. Ponemos 3 puntos de raifort y una hoja de atzina sobre cada punto.

Tronco de kombu, helado de yuzu y galleta caramelizada

EL TRONCO

hojas de Okui Marble kombu
papeles de obulato cuadrado
200 ml de almíbar TPT elaborado con azúcar
  isomalt

Cortamos el papel de kombu en 6 trozos, lo colocamos sobre un silpat o un tapete antiadherente engrasado y lo untamos ligeramente con almíbar de isomalt. Colocamos el obulato encima del kombu cuadrado y lo pintamos con el almíbar o con la ayuda de un pequeño espray. Ponemos otro silpat encima y horneamos a 185 °C unos 9 minutos. Debemos conseguir que el azúcar se caramelice, pero sin llegar a coger demasiado color. Lo sacamos del horno, lo enrollamos con la ayuda de un cilindro y reservamos en un táper hermético para rellenar el interior más tarde.

CREMA CÍTRICA DE YUZU

1 l de leche
125 g de maicena
100 g de azúcar
6 yemas de huevo
1 naranja
130 ml de zumo de yuzu
1 vaina de vainilla

Infusionamos en la leche la naranja y la vainilla durante una noche. Blanqueamos las yemas con azúcar y la maicena. Combinamos esta mezcla con la leche, que habremos colado, y la ponemos a hervir. Dejamos que enfríe. Después añadimos el zumo de yuzu. Reservamos hasta su uso.

HELADO DE GALLETA CARAMELIZADA

1 l de leche entera
416 ml de nata (35 % MG)
90 ml de leche en polvo
382 g de dextrosa
110 g de azúcar
15 g de estabilizante para helados
1 rama de canela
225 g de galleta de speculoos

Calentamos la leche y la nata hasta llegar a los 40 °C. Entonces añadimos la dextrosa, la leche en polvo, el azúcar, el estabilizante y la rama de canela y llevamos todo a 85 °C. Luego, colamos y, en frío, agregamos la galleta caramelizada, emulsionándola bien con el túrmix. Dejamos que infusione durante 8 horas. Transcurrido este tiempo, la mantecamos en la máquina de helados y reservamos en el congelador a -14 °C hasta su uso.

OTROS

galleta de speculoos
brote de pino
piñones garrapiñados

MONTAJE

Rellenamos el tronco de alga kombu con cremoso de yuzu, ponemos una *quenelle* de helado de galleta caramelizada encima del *crumble* de speculoos. Acabamos poniendo 5 piñones garrapiñados y brotes jóvenes de pino.

Buñuelos bombón con cuatro chocolates y cuatro frutas secas con vainilla helada concentrada

LA GANACHE BLANCA CON TOQUE DE TRUFA

330 ml de nata fresca
300 g de chocolate blanco
85 g de azúcar
50 g de huevo entero pasteurizado
10 g de mantequilla de trufa blanca (*albidum pico*)
1 hoja de gelatina de 2 g

Hidratamos la hoja de gelatina en agua helada. Mezclamos el resto de ingredientes, menos el chocolate, y le damos calor hasta alcanzar los 83 °C. Añadimos la hoja de gelatina. Agregamos después el chocolate y combinamos bien. Dejamos reposar un mínimo de 3 horas en la nevera.

EL CREMOSO DE CHOCOLATE RUBY CON TOQUE DE PIMIENTA ROSA

330 ml de nata
50 g de huevo
85 g de azúcar
220 g de chocolate Guanaja (70 % de cacao)
1 hoja de gelatina
5 g de pimienta rosa

Cremamos el azúcar y el huevo en un bol. En un cazo llevamos la nata a ebullición con la pimienta rosa bien molida y temperamos sobre la mezcla. La devolvemos al cazo y subimos a los 83 °C. La sacamos del fuego y añadimos la hoja de gelatina, que habremos hidratado previamente. Vertemos la mezcla sobre el chocolate y lo dejamos reposar 1 minuto. A continuación, comenzamos a remover con una lengua en el centro hasta conseguir un núcleo brillante que asegure la emulsión. Continuamos así hasta tener una crema homogénea. Dejamos reposar un mínimo de 4 horas.

LA GANACHE DE CARAMÉLIA Y CHIPOTLE

330 ml de nata
50 g de huevo
75 g de azúcar
1 hoja de gelatina
200 g de chocolate con leche Caramélia
20 g de pasta de chipotle

Hacemos una crema inglesa con la nata, el azúcar y los huevos y lo calentamos hasta los 85 °C. Incorporamos la gelatina, que habremos hidratado previamente, y lo incorporamos al chocolate y la pasta de chipotle. Conservamos la ganache en la nevera hasta que tome cuerpo.

EL CREMOSO DE CHOCOLATE NEGRO A LA PIMIENTA

330 ml de nata
50 g de huevo
85 g de azúcar
220 g de chocolate Guanaja (70 % de cacao)
1 hoja de gelatina
5 g de pimienta negra

Cremamos el azúcar y el huevo en un bol. En un cazo llevamos la nata a ebullición con la pimienta bien molida y temperamos sobre la mezcla. La devolvemos al cazo y subimos a los 83 °C. La sacamos del fuego y añadimos la hoja de gelatina, que habremos hidratado previamente. Vertemos la mezcla sobre el chocolate y lo dejamos reposar 1 minuto. A continuación, comenzamos a remover con una lengua en el centro hasta conseguir un núcleo brillante que asegure la emulsión. Continuamos así hasta tener una crema homogénea. Dejamos reposar un mínimo de 4 horas.

EL HELADO DE VAINILLA

500 ml de leche
315 ml de nata
100 g de dextrosa
2,5 g de estabilizante
125 g de yemas de huevo
100 g de azúcar moreno
50 g de glicerina
11 vainas de vainilla
7 g de pasta de vainilla concentrada

En una olla calentamos a fuego medio la leche y la nata y, con la ayuda de un termómetro, esperamos a que suba a 40 °C. Añadimos entonces los demás ingredientes sólidos y esperamos a que la temperatura alcance los 85 °C. Con un brazo del triturador de cocina removemos bien y lo dejamos madurar en la cámara durante 12 horas. Una vez transcurrido ese tiempo de reposo, pasamos el helado por la mantecadora y lo conservamos en el congelador.

LA MASA DE FRITURA

300 g de harina
5 huevos
100 ml de agua
100 g de azúcar
3 g de bicarbonato
2 g de miel

Pesamos todos los ingredientes, los introducimos en una jarra de litro y mezclamos con la ayuda de un brazo triturador de cocina. Cuando tengamos una mezcla densa y sin grumos, paramos y conservamos en la nevera dentro de un sifón con 2 cargas de gas. Dejamos reposar un mínimo de 2 horas.

LOS BUÑUELOS FRITOS DE CHOCOLATE

Colocamos los 4 cremosos de las elaboraciones anteriores en mangas pasteleras y hacemos 4 bolas de 5 a 6 g. Repasamos un poco para darle la máxima forma esférica y los dejamos en la nevera con un palillo pinchado a 4 mm. Colocamos la masa de fritura del sifón en un bol. Pasamos las bolitas con el palillo por nitro 4 segundos y, seguidamente, por la masa de fritura. Freímos en aceite de girasol a 180 °C hasta que tomen un bonito color tostado. Dejamos reposar unos minutos en un lugar cálido y servimos sin demora.

OTROS

100 g de azúcar glas
100 g de pan de especias pulverizado
   y deshidratado
60 g de praliné de avellanas
60 g de praliné de piñones
60 g de praliné de pistacho
60 g de praliné de almendras
piñones, avellanas y pistachos caramelizados
almendras tostadas caramelizadas

MONTAJE

En la base del plato disponemos los distintos pralinés y, sobre ellos, los buñuelos, que deberán estar tibios para que el chocolate quede totalmente fluido en el interior, en el siguiente orden: primero el de chocolate blanco, luego el de chocolate Ruby, después el de Caramélia y, por último, el de chocolate negro. Acabamos con un poco de azúcar glas espolvoreado en la parte superior de los buñuelos. Adornamos cada uno de ellos con el fruto seco garrapiñado correspondiente al praliné de la base. En una esquina ponemos el pan de especias y, encima, nuestro helado de vainilla.

El pedo celestial, plato estrambótico homenaje a Quim Hereu

LA CUBIERTA DE MASCABADO DE LOS PETISÚ

150 g de harina de fuerza
150 g de azúcar mascabado
150 g de mantequilla en flor en pomada

En un robot con pala mezclamos todos los ingredientes hasta formar una crema homogénea. Luego, estiramos la crema sobre un tapete de silicona con un grosor de 3 mm. La cubrimos con otro tapete y la congelamos. Después, cortamos discos de 3 cm de diámetro. Reservamos en el congelador.

EL PETISÚ DE VIENTO

cubierta de mascabado (elaboración anterior)
250 ml de leche
25 g de azúcar mascabado
250 ml de agua
250 g de mantequilla
250 g de harina de repostería de media fuerza
5 g de sal
2 huevos

Combinamos la leche, el agua y el azúcar y pesamos la mezcla. Añadimos un poco de leche si fuera necesario hasta obtener 525 g de mezcla. La llevamos a ebullición con la sal y retiramos del fuego. Agregamos la harina tamizada y la mantequilla; removemos enérgicamente con una espátula. Después, cocemos la masa unos 4 minutos más hasta que se seque y se separe de las paredes. La pasamos a un robot con pala y la trabajamos a velocidad media hasta que se atempere. Incorporamos los huevos de uno en uno y continuamos trabajando a velocidad media hasta obtener una crema lisa. Rellenamos con la crema unos moldes semiesféricos de silicona de 1,5 cm y los congelamos para cocer los petisús. Descongelamos las semiesferas de masa con un disco de cubierta encima (elaboración anterior) durante unos minutos. Las cocemos a 170 °C en el horno con tiro cerrado 20 minutos y otros 15 o 20 con el tiro abierto.

LA CREMA FERMENTADA MONTADA

500 ml de nata líquida
150 g de yema de huevo
100 g de azúcar mascabado
1 g de semillas de vainilla
4 hojas de gelatina de 2 g

Hidratamos la gelatina en agua helada durante 5 minutos. Mezclamos las yemas, las semillas y el azúcar mascabado con 150 ml de nata. Calentamos el resto de la nata hasta su ebullición y combinamos con la primera mezcla. Volvemos a calentar hasta los 80 °C, añadimos la gelatina y colamos. Dejamos reposar la mezcla un mínimo de 12 horas. Después, la montamos en el robot de pastelería hasta obtener una crema ligera y sabrosa.

LA ARENA DE BOLLERÍA FERMENTADA

cruasanes y *pain au chocolat*

Dejamos secar la bollería unas horas tras la cocción. Después, la introducimos en la OCCO, cerramos la máquina y aplicamos el programa «huevo negro».

Acabado el programa, cortamos la bollería en finas láminas de 1 mm y secamos en la deshidratadora a 50 °C hasta que las láminas se hayan secado y estén muy crujientes. Pulverizamos las más feas para apoyar el helado de vainilla y con las más bonitas terminamos la receta.

EL HELADO VAINILLA

500 ml de leche
300 ml de nata
75 g de azúcar mascabado
25 g de azúcar blanco
100 g de dextrosa
3 g de estabilizante (helados de crema)
80 g de yema de huevo
15 vainas de vainilla de calidad

En un bol mezclamos antes todos los ingredientes líquidos con la ayuda de unas varillas. Lo pasamos a un cazo y cocemos a fuego medio hasta los 40 °C. Incorporamos los productos secos y las yemas y subimos a 83 °C. Retiramos del fuego, le damos un golpe de túrmix para emulsionar bien, lo tapamos y dejamos que madure 12 horas en la nevera. Al día siguiente, lo colamos y damos un último golpe de túrmix. Lo pasamos a la máquina de helados y reservamos a -18 grados en el congelador.

EL AROMA DE FLORES FRESCAS

100 ml de agua
30 g de glucosa líquida
10 gotas de aroma de jazmín
15 gotas de aroma de rosas
12 gotas de aroma de violetas

Mezclar y agitar bien

OTROS

madera de haya para quemar
incienso Sri Sai Flora

MONTAJE

En el plato ponemos dos pequeñas cucharadas de
crema montada fermentada y las cubrimos con polvo de bollería. Disponemos una pequeña cucharada
del mismo polvo para colocar una pequeña *quenelle* de helado de vainilla. Hacemos un pequeño agujero en la base de dos petisús y los rellenamos de
crema montada fermentada con la ayuda de una
manga de boquilla pequeña. Decoramos con unas
láminas de bollería fermentada. Al sacar el plato a
sala, lo cubrimos con una campana de cristal, que
llenamos con humo de madera con un 10 % de incienso. Al descubrir la campana, liberamos sus aromas e introducimos un toque de aroma de flores en
la campana para que el comensal vaya disfrutando
de sus aromas cuando quiera durante la degustación del postre.

tensbarcelona.com

Calle Rec, 79,
08003 Barcelona

41°23'18.6

RESTAURANTE

Ten's

UNA COCINA CON ESTILO QUE REFLEJA
NUESTRA PARTICULAR VISIÓN DEL MUNDO
DEL TAPEO Y LA COMIDA CALLEJERA

Tartar de atún con yakiniku, texturas de nori, yema curada y mantequilla de soja

EL ATÚN MARINADO

500 g de lomo de atún bluefin
alga kombu salvaje seca (*laminaria ochotensis*)

Secamos bien el lomo de atún con papel absorbente y lo cortamos en tiras de 3 cm de grosor. En una fuente colocamos una base de hojas de kombu secas y, encima de estas, el lomo de atún. Cubrimos la superficie del lomo con más alga kombu y tapamos la fuente con plástico alimentario. Dejamos curar durante 6 horas en la nevera envasado al vacío o en un recipiente hermético.

EL TARTAR DE ATÚN

atún curado (elaboración anterior)
2 g de carne de lima dedo o *finger lime*
0,4 g de soja liofilizada en polvo

Picamos la carne de atún curado en dados regulares de 0,3 cm. Los pasamos a un bol y aliñamos con el resto de ingredientes justo antes de terminar la receta.

LA SALSA YAKINIKU CASERA TEXTURIZADA

240 ml de salsa de soja
120 ml de sake
120 ml de mirin
40 ml de vinagre de arroz
50 ml de salsa de base para kimchi
90 g de azúcar moreno
10 g de yuzu en polvo liofilizado
2 cucharadas de sésamo blanco
1 ajo
½ manzana Pink Lady
100 g de miso rojo
2 cucharadas de aceite de sésamo tostado
goma xantana (1 g cada 200 ml de salsa)

Picamos el ajo fino y la manzana, en dados de 1 cm. Doramos el ajo a fuego medio con una cucharada de aceite de sésamo hasta que tome un poco de color. Añadimos los dados de manzana y la mitad del sésamo y salteamos a fuego vivo hasta que todo el conjunto se dore, pero sin llegar a pochar demasiado. Agregamos el azúcar y caramelizamos ligeramente a fuego medio. Desglasamos con el sake y el mirin y dejamos evaporar el alcohol unos 2 o 3 minutos. Después, incorporamos el resto de ingredientes, damos un pequeño hervor y lo mezclamos bien con unas varillas. Luego, apartamos la salsa del fuego y la dejamos atemperar. La pasamos por un colador fino y, con la ayuda de un brazo eléctrico, añadimos la xantana, procurando no añadir aire hasta que se integre bien y aporte textura a la salsa. Reservamos.

LA YEMA CURADA

10 yemas de huevo
1 l de soja fermentada

Separamos las yemas de las claras, procurando no dejar nada de clara. Colocamos las yemas en un baño de salsa de soja y dejamos que infusionen 45 minutos. A continuación, pasamos las yemas marinadas a una secadora, sobre un tapete de silicona, y dejamos secar a 60 °C durante 24 horas. Transcurrido este tiempo, les damos la vuelta y las dejamos secar 12 horas más. Reservamos las yemas curadas en un recipiente hermético y seco.

LA CÁNULA DE NORI CRUJIENTE

25 g de alga nori en láminas para sushi
110 g de azúcar isomalt
papel de arroz (obulato) en formato cuadrado
  (1 papel para 2 cánulas)
aceite de oliva

Picamos el alga en trozos regulares de 3 cm. Combinamos el azúcar y el alga en un robot de cocina y trabajamos a velocidad máxima hasta obtener un polvo fino. Cortamos los papeles cuadrados de obulato por la mitad y los colocamos encima de un teflón para horno ligeramente pincelado con aceite de oliva. Con la ayuda de un colador, extendemos encima de los obulatos una fina capa de 1 mm de polvo de nori. Horneamos a 180 °C durante 3 minutos, damos la vuelta y horneamos un par de minutos más hasta que esté bien crujiente. En cuanto saquemos el alga del horno, le damos forma de cánula con un rodillo o similar.

LA MANTEQUILLA DE SOJA

200 g de mantequilla en flor
100 ml de salsa soja fermentada
2 g de glicerina
1 g de sucroéster

Calentamos 100 g de mantequilla a 60 °C y fundimos en ella la glicerina. Trabajamos el resto de la mantequilla hasta obtener una textura de pomada. En un recipiente para túrmix, disponemos la soja y el sucroéster. Mezclamos con el túrmix hasta integrar el sucroéster. Añadimos entonces la mantequilla pomada y la fundida. Emulsionamos con el túrmix hasta conseguir una mantequilla muy cremosa. La reservamos en una manga con una boquilla de 2 mm.

EL AGUA DE KOMBU

1,5 l de agua mineral
15 g de alga kombu deshidratada

Ponemos el agua a hervir. Cuando hierva, introducimos el alga deshidratada, apartamos del fuego y dejamos que infusione de 20 a 30 minutos. Colamos y reservamos.

EL AIRE DE NORI

1,2 l de agua de kombu (elaboración anterior)
25 g de alga nori
7 g de lecitina de soja
5 g de sal

Picamos el alga nori en un robot de cocina, solo para romperla y dejarla menuda, pero no en polvo. Envasamos la nori con el agua de kombu y la infusionamos en un baño de agua a 70 °C durante 3 horas. Sacamos la infusión de la bolsa y, con la ayuda de un túrmix, la emulsionamos en un recipiente rectangular alto junto con la lecitina y la sal hasta formar una espuma muy aérea. La dejamos reposar un par de minutos para que se estabilice la emulsión y se precipite el líquido no emulsionado.

MONTAJE

En la parte interna de las cánulas colocamos a lo largo una tira de mantequilla de soja. Con un pincel de silicona la repartimos por toda la parte interna de la cánula. Rellenamos un tercio de la cánula con yema de huevo curada, rallada al momento con un rallador fino. Terminamos de rellenar la cánula con tartar de atún, salsearemos ligeramente con la yakiniku texturizada y cubrimos toda la superficie con aire de nori.

Salmorejo de tomates verdes

EL SALMOREJO DE TOMATES VERDES

830 g de tomate Green Zebra
1 g de ajo
14 g de sal
2,4 ml de vinagre
13 g de pimiento verde
130 g de miga de pan blanco
48 ml de aceite picual
hielo (lo justo para llenar el robot)

Limpiamos los tomates, retiramos el pedúnculo y los cortamos en cuartos. Pesamos todos los ingredientes por separado. Introducimos el hielo dentro del recipiente del robot de cocina con el que vamos a triturar todos los elementos de la elaboración para poder prolongar el tiempo de triturado y que los ingredientes no se calienten.

La texturización del salmorejo se realiza en 3 pasos:

1. Combinamos el tomate, el pimiento verde, el ajo, la sal y el vinagre y trituramos a máxima velocidad hasta obtener una crema muy fina, pero sin que suba la temperatura de los ingredientes.
2. Añadimos el pan, que habremos congelado previamente, para ayudar a mantener la temperatura, y trituramos a máxima velocidad.
3. Por último, incorporamos el aceite de oliva poco a poco y a velocidad media para que emulsione. Este paso es el más importante, ya que es el que nos permite dar un color vivo y atractivo al salmorejo.

Terminado el salmorejo, lo introducimos en un recipiente de Pacojet y lo congelamos. Lo pasamos a otro recipiente unos minutos antes de servir y lo dejamos reposar un poco en el congelador antes de emplatar. También podemos helarlo al momento con la ayuda del nitrógeno líquido.

LAS TEXTURAS DE TOMATE VERDE

(por ración individual)
1 tomate verde Green Zebra
sal marina
azúcar
aceite de oliva arbequina de calidad
pimienta recién molida

Marcamos los tomates con una puntilla y lo escaldamos en agua hirviendo 12 segundos. Seguidamente, los enfriamos en agua helada y los pelamos. Hacemos cortes en las líneas blancas que separan las celdas del tomate y retiramos los «pétalos» que encierran las semillas. Con cuidado y con la ayuda de una puntilla, sacamos las yemas del tomate, procurando que queden intactas, y reservamos la placenta (o carne central) y las yemas para el emplatado.

Colocamos los pétalos de tomate en un bol y los aliñamos con un poco de sal, azúcar, pimienta negra y aceite. Pasamos los pétalos aliñados a una fuente y los asamos muy suavemente en el horno a 115 °C durante 25 minutos. Transcurrido este tiempo, les damos la vuelta y los asamos 25 minutos más. Terminada la cocción, los reservamos en un recipiente hermético con un poco de aceite de arbequina.

Para acabar la receta, picamos la placenta o carne central del tomate en dados pequeños y regulares y los sazonamos con sal y aceite de oliva. Aliñamos también las yemas con sal, aceite y una rosca de pimienta negra.

LAS MIGAS DE PAN

200 g de pan blanco precocido y congelado
100 g de mantequilla fresca
sal y pimienta

En un robot de cocina trituramos el pan congelado
y cortado en dados hasta obtener migas de pan
pequeño. En una sartén combinamos las migas con
la mantequilla y dejamos cocer a temperatura media
hasta que las migas se doren. Rectificamos de sal
y pimienta y las pasamos primero por un colador y
después por papel absorbente para eliminar toda la
grasa sobrante. Las dejamos enfriar y reservamos
en un recipiente hermético.

OTROS

pan a la mantequilla (elaboración anterior)
aceite de oliva arbequina de mucha calidad
sal en escamas
hojas de germinado de albahaca

MONTAJE

En el centro del plato colocamos una pequeña cucharadita de pan a la mantequilla y lo cubrimos con
un poco de tartar de tomate. Alrededor ponemos 3
yemas de tomate aliñadas y 3 pétalos de tomate
confitado. Encima del tartar de tomate dejamos una
pequeña *quenelle* de helado de salmorejo verde.
Terminamos con unas escamas de sal, un hilo de
aceite de oliva y 3 hojitas de germinado de albahaca.

Ensaladilla rusa con ensalada libanesa a la mexicana

LA MAYONESA

300 ml de aceite de oliva arbequina
200 ml de aceite de conservar la ventresca
2 huevos muy frescos o 130 g de huevo entero
 pasteurizado
2 g de sal fina
2 ml de vinagre de Jerez

Colocamos todos los ingredientes en un túrmix y vamos emulsionando poco a poco hasta lograr la textura deseada. Es importante que en este proceso no incorporemos aire y vayamos subiendo la potencia gradualmente, de lo contrario la mayonesa se cortará. Una vez que tengamos una mayonesa densa y cremosa, la reservamos en la nevera.

LA ENSALADILLA

600 g de patata parmentine, spunta o kennebec
 pelada y cascada en trozos regulares
85 g de aceitunas manzanilla sin hueso rellenas
 de anchoa
40 ml del jugo de las propias aceitunas
75 g de huevo cocido entero
100 g de ventresca de atún o bonito en aceite
 de oliva
mayonesa (elaboración anterior)

Lavamos y pelamos las patatas. Las cascamos y las ponemos a cocer con agua y sal. Una vez cocidas, las escurrimos muy bien y las machacamos todavía calientes con la ayuda de un tenedor o una varilla. Cocemos los huevos y los dejamos enfriar. Después, los pelamos y pasamos las yemas por un colador para desmenuzarlas finamente y la clara por un rallador fino tipo Microplane. Picamos las aceitunas en daditos pequeños. A continuación, combinamos los huevos y las aceitunas y mezclamos bien. Añadimos la ventresca y el jugo de las aceitunas, y removemos hasta que todo esté bien integrado. Es importante que durante el proceso de mezclado las patatas conserven aún la temperatura de la cocción. Terminada la mezcla, incorporamos la mayonesa necesaria para que el conjunto quede muy cremoso, rectificamos de sal y reservamos en la nevera.

LA ENSALADA LIBANESA A LA MEXICANA

1 pepino
4 tomates
3 pimientos jalapeños
¼ pimiento rojo
1 cebolla roja mediana
el jugo de 1 lima
1 cucharada de cilantro picado
2 cucharadas de hojas de perejil picadas
½ cucharada de hierbabuena picada
2 cucharadas de aceite de oliva
una pizca de chiles serranos en conserva
una pizca de sal

Pelamos el pepino y lo cortamos por a la mitad, extraemos las semillas, cortamos por el centro y lo troceamos en daditos regulares. Picamos finamente el tomate y los pimientos, retiramos todas las hebras interiores y las semillas para evitar picantes innecesarios y que repita. Abrimos la cebolla roja por la mitad y luego la cortamos en juliana muy fina. Mezclamos todas las verduras con el resto de ingredientes y reservamos la ensalada en la nevera.

MONTAJE

En un plato ligeramente hondo colocamos unos 200 g de ensaladilla de forma natural, cubrimos con la ensalada libanesa a la mexicana y terminamos con un hilo de buen aceite de oliva. Podemos acompañar el plato con pan libanés o unas láminas de *pane carasau* bien crujientes.

Tomate relleno a la italiana con tomates secos, aceitunas negras y hierbas mediterráneas

EL TOMATE

1 kg de tomate marglobe o canario de mucha
  calidad
12 g de azúcar
15 g de sal
1 g de pimienta negra
75 ml de aceite de oliva arbequina

Lavamos los tomates, los escaldamos 2 o 3 minutos y cortamos la cocción en agua helada. Retiramos la piel con cuidado de mantener el pedúnculo intacto. En un bol aliñamos los tomates con abundante aceite de oliva virgen extra, sal, pimienta y azúcar y los llevamos al horno a 165 °C durante 35 minutos. Pasado este tiempo, los sacamos y los dejamos enfriar en la nevera 1 hora. Con la ayuda de una puntilla cortamos los tomates 1 cm debajo del pedúnculo en forma de tapa y vaciamos toda la carne con la puntilla y un sacabolas, con cuidado de no romper la piel. Dejamos los tomates boca abajo durante media hora para que suelten todo el exceso de agua.

LA ACEITUNA SECA PICADA

100 g de aceituna negra griega con hueso

Aplastamos las aceitunas un objeto contundente y retiramos las semillas. Laminamos finamente y las secamos en el horno a 55 °C de 8 a 10 horas. Después las picamos bien con un cuchillo afilado. Reservamos en un recipiente hermético.

EL ACEITE DE ESPELETTE

200 ml de aceite de arbequina
0,5 g de albahaca liofilizada
1 g de orégano seco
3 g de hojas de tomillo fresco
3 g de hojas de romero fresco

Mezclamos el aceite con el resto de ingredientes y lo trabajamos con un túrmix hasta que todo se integre bien, procurando no introducir mucho aire. Filtramos el aceite por un colador no demasiado fino y lo reservamos un par de días en la nevera envasado al vacío.

EL RELLENO

400 g de *stracciatella di búfala*
polvo de aceituna negra (elaboración anterior)
aceite de hierbas (elaboración anterior)

Añadimos a nuestros tomates el queso, el aceite y el polvo de aceitunas. Los vamos alternando una y otra vez hasta que los tomates queden totalmente rellenos. Los cerramos.

MIGAS DE PANKO Y ALBAHACA

250 g de panko
80 ml de aceite de hierbas (elaboración anterior)
una pizca de sal

Mezclamos todos los ingredientes y los tostamos al horno 15 minutos a 130 °C, removiendo constantemente para evitar que se quemen. Después, los secamos en papel de cocina para eliminar el exceso de grasa.

LA SALSA DE TOMATE

120 ml de salsa Jang
1 l de agua
60 g de tomate seco
6 g de citronela
0,5 g de orégano
chile chipotle
escaluña negra
goma xantana
unos brotes jóvenes de albahaca o rúcula

Mezclamos el agua y la salsa Jang y pesamos 200 ml de esa agua en una bolsa de vacío. Picamos el resto de ingredientes y los introducimos en la bolsa.

Añadimos una punta de chile y una punta de escaluña negra y lo envasamos al vacío al 100 %. Lo ponemos a cocer en horno a vapor a 88 °C durante 1 hora y 15 minutos. Después, lo colamos y, por cada 100 g, agregamos 1 g de xantana. Trituramos y reservamos.

OTROS

brotes de albahaca o rúcula

MONTAJE

Salseamos los tomates con la salsa de tomate, que aporta brillo y un sabor intenso, y añadimos una buena cucharada de panko de albahaca en la base de un plato llano, y sobre el pan, el tomate relleno. Por último, decoramos con brotes de albahaca o rúcula.

Calamar a la romana, alioli de citronela, jugo concentrado y aire de cebollas caramelizadas

LOS CALAMARES

4 calamares de anzuelo mediano

Limpiamos bien, retiramos la piel, la aleta y los tentáculos, dejando solo el interior del «tubo» limpio. Reservamos las pieles y aletas para otras preparaciones. Cortamos en aros de 1,5 a 2 cm.

EL ACEITE DE CITRONELA

500 ml de aceite de oliva suave de 0,4°
5 raíces frescas de citronela

Troceamos la citronela muy fina y la envasamos con el aceite al vacío. La escaldamos en agua hirviendo tres segundos. Luego, la retractilamos en agua helada para que no se modifique durante la cocción. Infusionamos en un baño de agua caliente durante 24 horas a 70 °C. Luego, enfriamos el agua y reservamos el aceite en la misma bolsa dentro de la nevera. Este aceite mejora si reposa unos días.

EL AIRE DE CEBOLLA

15 cebollas de Figueres
50 ml de agua mineral
4 g de lecitina
2 g de sucroéster
aceite de oliva arbequina
sal

Pelamos las cebollas y les hacemos un corte hasta la mitad en forma de cruz. Pincelamos con un poco de aceite el lado sin corte y las tostamos ligeramente en una parrilla de carbón de encina. Después, las introducimos en una fuente donde estén juntas. Añadimos el agua y envolvemos la bandeja totalmente con papel transparente para no perder humedad. Hacemos un par de pequeños agujeros para evitar que se forme presión en la fuente y la introducimos en el horno con el 100 % de humedad a 115 °C por un espacio de 6 horas. Terminada la cocción, filtramos y presionamos las cebollas con una estameña para extraer el máximo de jugo. Este tiene que ser nítido, limpio y tener un intenso sabor a cebolla.

Para elaborar el aire, pesamos 600 ml de agua de cebolla y la combinamos junto a la lecitina, el sucroéster y la sal en un recipiente estrecho y alto que nos proporcione una altura de líquido de 3 o 4 cm. Con un túrmix mezclamos perfectamente todos los ingredientes. Para ello, colocamos el cabezal del túrmix en un extremo del recipiente y trabajamos la superficie del líquido a velocidad media hasta que se forme una buena cantidad de espuma. Terminada la emulsión, dejamos reposar el consomé unos segundos para que se estabilice la mezcla y tengamos un aire muy seco y con un agradable sabor a cebolla caramelizada.

EL JUGO DE CEBOLLAS CONCENTRADAS

1 kg de cebollas de Figueres
1 g de goma xantana
sal

Limpiamos y pelamos las cebollas, las cortamos en cuartos y las disponemos en una fuente de horno media alta. Tapamos la fuente muy bien con film trasparente. Cocinamos las cebollas en el horno con calor seco a 115 °C durante 5 horas. Una vez cocinadas, las pasamos por un colador con malla de lino y presionamos para obtener un jugo puro de agua de cebolla cocinada. El jugo obtenido lo reducimos a fuego medio junto a la goma xantana hasta obtener una salsa densa y muy sabrosa. Rectificamos de sal.

ALIOLI DE CITRONELA

1 ajo morado
15 g de yema de huevo pasteurizada (opcional)
40 g de huevo pasteurizado (opcional)
2 g de sal
200 ml de aceite de citronela (elaboración anterior)
piel de limón

Pelamos el ajo y retiramos el germen para que no repita. Lo escaldamos unos segundos para suavizar un poco su sabor. Podemos elaborar el alioli de forma tradicional o como una mayonesa. Para montarlo de forma tradicional, machacamos un poco la sal y el ajo en un mortero y vamos añadiendo el aceite a hilo muy despacio. Trabajamos con suaves giros de la mano del mortero para emulsionarlo. Esta elaboración es la más difícil, ya que la emulsión se produce por la grasa y la mínima cantidad de agua contenida en el ajo. Si queremos hacerlo más sencillo, en un recipiente para túrmix mezclamos el aceite, el huevo, el ajo y la sal. Introducimos el cabezal del túrmix hasta el fondo del recipiente y retiramos el aire contenido en el cabezal. Trabajamos como si fuera una mayonesa, de abajo a arriba y a mínima potencia, intentando que no entre aire. Las dos elaboraciones serán óptimas para esta receta. Terminada la emulsión, pasamos el alioli a pequeños recipientes y rallamos encima un poco de piel de limón.

LA HARINA DE FRITURA

harina de panadero o de garbanzo gruesa
trisol (fibra de trigo)

Mezclamos 2 partes de harina de panificación tipo chapata con una parte de fibra de trigo. Colamos y pasamos a una fuente para enharinar el calamar.

FRITURA Y MONTAJE

Pasamos 80 g de calamar por persona por huevo, que habremos batido previamente, escurrimos el exceso de líquido con ayuda de un colador y rebozamos con la mezcla de harina. Freímos el calamar en aceite de girasol a 180 °C hasta que esté firme, pero sin tomar mucho color (casi blanco). Secamos en papel absorbente el aceite sobrante y rectificamos de sal. Colocamos un trazo redondo de jugo de cebolla concentrada caliente y en el centro disponemos los calamares, cubrimos la reducción de cebolla con aire de cebolla y, al lado del conjunto, adornamos con una cucharada de alioli de citronela.

Ceviche de lulo y ostras con helado de pisco sour

BASE DE LA MARINADA

250 ml de zumo de lima
250 ml de zumo de limón
1 cebolla morada en juliana fina
2 tomates (solo la pulpa)
40 g de sal
20 g de azúcar

Mezclamos todos los ingredientes y los introducimos en una bolsa de vacío. Cerramos la bolsa y la dejamos reposar durante 6 horas. Antes de utilizar la base o leche de tigre, la pasamos por un colador fino.

LULO

4 lulos maduros de buen tamaño

Cortamos los lulos por la mitad y, con la ayuda de un pequeño cuchillo, hacemos cortes con mucho cuidado, siguiendo todas las partes de las membranas y la piel que encierran la carne del lulo, procurando no romperlas. Reservamos la carne, las semillas y el jugo que pueda soltar en un bol. Pasamos una cuchara por la cáscara del lulo respetando las dos membranas internas que forman un triángulo. En esta cavidad colocaremos el helado de pisco y, en el resto de la cáscara, el ceviche. Reservamos las cáscaras en agua helada para que no se oxiden. Con la ayuda de una puntilla afilada, limpiamos la carne del lulo, separando la parte carnosa de las semillas duras. Desechamos las semillas y guardamos la carne para el ceviche y el zumo para el helado.

CEVICHE DE LULO Y OSTRAS

carne de los lulos sin jugo ni semillas
  (elaboración anterior)
8 ostras de Bretaña de buen tamaño tipo
  Gillardeau
marinada o leche de tigre filtrada
  (elaboración anterior)
½ cebolla morada
10 hojas de cilantro
1 hoja mediana de albahaca
2 hojas medianas de menta
una pizca de ralladura de lima y limón sin la parte
  blanca

Introducimos la base de ceviche en un bol y añadimos la cebolla morada cortada en laminas muy muy finas y las hierbas picadas también. Con la ayuda de un rallador muy fino tipo Microplane agregamos un par de ralladuras de lima y limón sin la parte blanca y, por último, la carne de los lulos. Abrimos las ostras y las sacamos de las conchas, procurando que no quede nada de cáscara. Las cortamos en tres o cuatro trozos y las añadimos al ceviche. Marinamos unos 5 minutos y servimos sin demora.

HELADO DE PISCO Y LULO

50 ml de agua de lulo
20 g de clara de huevo
20 ml de almíbar
8 g de azúcar
el zumo de ½ lima
15 ml de pisco
nitrógeno líquido

Introducimos todos los ingredientes en un bol para trabajar con nitrógeno líquido. Lo mezclamos todo con la ayuda de unas varillas. Vamos añadiendo pequeñas cantidades de nitrógeno líquido, batimos y emulsionamos con nitrógeno hasta formar un helado muy denso y cremoso. Esta operación la realizaremos delante de nuestros comensales.

OTROS

flores de minipepino
germinado de cilantro
pequeñas hojas de menta
pequeñas hojas de albahaca
aceite

MONTAJE

Secamos las cáscaras de lulo y, en la parte más amplia, colocamos la carne de ostra y lulo con elegancia. Añadimos unas láminas de cebolla de la marinada y decoramos con hojas y germinados de cilantro, menta y albahaca. Terminamos con una flor de pepino y un hilo de aceite. Delante del comensal, rellenamos el triángulo vacío de la cáscara con una pequeña cantidad de helado de pisco y lulo, que elaboramos delante del cliente.

Ajoblanco de coco y gazpacho de jalapeños con jurel real

AJOBLANCO DE COCO

500 g de hielo
1 g de goma xantana
15 g de sal
370 g de puré de coco
500 ml de agua
400 g de almendra
5 g de ajo
16 ml de vinagre de Jerez
aceite de oliva

Trituramos el hielo en un robot de cocina junto a la xantana, el agua, la almendra, el ajo y la sal durante 3 o 4 minutos a velocidad alta. Cuando tengamos todo bien texturizado, añadimos el puré de coco, el vinagre y, por último, el aceite de oliva. Colamos por una malla fina y reservamos el ajoblanco en la nevera.

GAZPACHO DE JALAPEÑO

400 g de jalapeño
20 g de ajo
200 g de tomatillo verde
50 ml de zumo de lima
50 ml de vinagre de arroz
10 g de sal
275 ml de aceite de girasol
150 g de pepino
0,4 g de goma xantana por 800 ml de base

Quitamos la semilla del jalapeño y lo escaldamos de 15 a 20 segundos en agua hirviendo. Después, lo enfriamos en agua y hielo. Pelamos el pepino y escaldamos la piel durante 15 segundos en agua hirviendo. La enfriamos también en agua helada. Introducimos todos los ingredientes en un robot de cocina y trituramos bien durante 3 minutos, añadiendo el aceite en hilo para emulsionar. Lo pasamos por un colador y, luego, por una malla fina. Una vez colado, con la ayuda de un túrmix añadimos 0,4 g de xantana por cada 800 mililitros de gazpacho. Reservamos el gazpacho en la nevera hasta el momento de terminar el plato.

JUREL CURADO EN SAL DE ANCHOA

sal de anchoa
jurel

Limpiamos el jurel de espinas y cubrimos los lomos en sal de anchoa durante 1 hora. Transcurrido ese tiempo, retiramos la sal, limpiamos bien con agua para eliminar la sal superficial y cortamos el jurel en dados pequeños de 1 cm. Reservamos en aceite de oliva.

OTROS

caviar
pamplinas
oxalis o limón cress
almendra laminada
nitrógeno líquido
aceite de oliva

MONTAJE

En la esquina del plato colocamos un puñado de almendra laminada muy fina. En la base ponemos el ajoblanco de coco y 5 dados de jurel real. Con la ayuda del nitrógeno líquido hacemos un helado de gazpacho al momento, delante del comensal, y disponemos una cucharada en el centro. Terminamos con unas gotas de aceite de oliva y 2 cucharaditas de caviar, unas pamplinas y unas hojas ácidas y cítricas.

Las gambitas al ajillo con fideos de cardo y jugo de fideuá

GAMBAS AL AJILLO

gamba roja de calibre regular muy fresca
0,5 g de shishimi togarashi
20 ml de aceite de oliva arbequina
sal marina

Retiramos las barbas de las gambas, las pelamos y reservamos las cabezas para el fondo de fideuá. Pelamos la parte de la cola y aliñamos unos 80 g de colas con 0,5 g de shishimi togarashi, sal y 20 ml de aceite de oliva. Las reservamos unos minutos a temperatura ambiente tapadas con plástico alimentario hasta el momento de terminar la receta.

SALSA DE FIDEUÁ

5 kg de pescado de roca
3 kg de cabezas y cáscaras de gamba
  (elaboración anterior)
8 cebollas medianas
3 zanahorias
6 tomates maduros
1 pimiento rojo
1 cabeza de ajos
1 puerro
vino blanco
la parte verde de 1 puerro
1 pimiento verde
goma xantana
mantequilla
agua y hielo

Marcamos las gambas descongeladas en una olla con el aceite muy caliente y las retiramos En esa misma olla marcamos bien la cabeza de ajos. Agregamos la cebolla y dejamos que se marque muy bien. Tiene que tener un color tostado (no quemado). Incorporamos la zanahoria y lo dejamos unos 15 minutos. Después, el puerro y el tomate y lo dejamos todo unos 5 minutos a fuego fuerte sin dejar de remover para que todos los ingredientes adquieran el mismo color. Añadimos el vino blanco y, cuando se evapore el alcohol, las gambas. Cubrimos con agua bien fría y hielo y terminamos con el verde del puerro. Dejamos todo al fuego mínimo contando 30 minutos en el momento que empieza a hervir. Paramos el fuego y dejamos 15 minutos de reposo. Colamos y pasamos por una superbag. Por cada litro añadimos 0,5 g de xantana y lo ponemos a reducir. Cuando empiece a tener textura, añadimos la a ingredientes y ligamos hasta tener textura de salsa. En el momento del servicio infusionamos la salsa con pimiento rojo y verde.

AGUA DE KOMBU

500 ml de agua mineral
10 g de alga kombu deshidratada

Ponemos el agua a hervir. Cuando hierva, introducimos el alga deshidratada, apartamos del fuego y dejamos que infusione de 20 a 30 minutos. Colamos y reservamos.

AIRE DE PEREJIL

200 g de perejil (solo la hoja)
500 ml de agua de kombu (elaboración anterior)
500 ml de agua mineral
sal
4 g de lecitina de soja
1 g de sucroéster

Escaldamos las hojas de perejil en agua hirviendo de 5 a 10 segundos y las enfriamos rápidamente en agua con hielo. Escurrimos bien las hojas escaldadas. Con un brazo eléctrico las trituramos con el agua de kombu y un poco de sal hasta que quede todo bien fino. Lo pasamos entonces por una malla muy fina o estameña y filtramos el agua de perejil. Añadimos el resto de ingredientes y con un túrmix emulsionamos en un recipiente rectangular alto hasta formar una espuma muy aérea. La dejamos reposar un par de minutos para que se estabilice la emulsión y se precipite el líquido no emulsionado.

PURÉ DE AJO

8 cabezas de ajos morados
100 g de mantequilla
80-100 ml de consomé de ave
sal

Quitamos la primera capa de piel de las cabezas de ajos y hacemos un corte en la parte superior, a un centímetro partiendo de la parte más alta. Colocamos los ajos en una fuente de asar con el corte hacia arriba. Cortamos la mantequilla en láminas finas y cubrimos los ajos. Asamos al horno a 160 °C de 15 a 20 minutos. Damos la vuelta a los ajos con el fin de que absorban la mantequilla y se asen por el interior. Seguimos cociendo hasta que estén hechos. Presionamos las cabezas en caliente para extraer la pulpa guisada y la trituramos con el resto de ingredientes. El porcentaje de consomé puede variar según la densidad deseada para cada receta.

LOS FIDEOS DE SETAS DE CARDO

500 g de setas de cardo
2 ajos picados muy fino
1 cucharada de perejil picado muy fino
ajo picado muy fino
50 ml de aceite de oliva
sal
pimienta

En una mandolina o una cortafiambres cortamos las setas con un grosor de 2 mm. Formamos pilas de 4 o 5 láminas que nos permitan cortar en juliana de 1 a 2 mm, de forma que la seta adquiera un corte parecido a unos fideos. En el momento de terminar la receta, calentamos el aceite con el ajo a fuego medio alto. Cuando empiece a tomar color, añadimos las setas cortadas, salpimentamos y salteamos a fuego vivo unos 20 o 30 segundos. Agregamos el perejil, salteamos de nuevo y emplatamos rápidamente.

Patatas bravas con alioli espumoso y sofrito picante

LAS PATATAS

1 kg de patatas agrias medianas y de tamaño
  regular
1,5 ml de aceite de oliva suave
15 g de sal fina

Lavamos las patatas, las cortamos en cuñas regulares de unos 5 cm de largo y la vamos sumergiendo en agua fría. Las introducimos en bolsas grandes de cocción y envasamos con el aceite de oliva suave y la sal fina. Las cocemos en el horno a vapor a 100 °C durante 30 minutos. Las dejamos enfriar a temperatura ambiente.

EL SOFRITO PICANTE

1 kg de tomates maduros
500 g de cebolla de Figueres
15 g de ajo crudo
2 ñoras remojadas en agua templada
  y despepitadas
2 pimientos de cayena
2 g pimentón de La Vera dulce
3 g de pimentón de La Vera picante
10 ml de salsa Perrins
1 cucharada de sal
1 cucharada de azúcar
1 cucharada de pimienta negra
3 cucharadas de aceite de oliva
agua

Lavamos los tomates y los ponemos en el horno a vapor a 100 °C durante unos 2 minutos. Los retiramos, los pelamos y los despepitamos, reservando las pepitas en un colador chino para recoger el agua. En una cazuela amplia, calentamos 3 cucharadas de aceite de oliva y doramos los ajos a temperatura media. Agregamos la cebolla previamente cortada muy menuda y la doramos también, dejando que se pegue un poco a la base de la cazuela. Después desglasamos con un poco de agua. Repetimos esta operación hasta que la cebolla adquiera un color dorado y uniforme. Hacemos un hueco en el centro de la cazuela retirando las cebollas a los laterales y añadimos un poco de aceite para sofreír las ñoras. Una vez que hayan tomado un poco de color, incorporamos las guindillas rotas y el pimentón. Rehogamos rápidamente sin dejar que se queme el pimentón y mojamos el conjunto con el agua de las pepitas de tomate. Dejamos evaporar el líquido y agregamos los tomates. Cocemos el sofrito durante 2 horas a fuego mínimo hasta que tenga un color rojizo oscuro y una textura densa. Agregamos el azúcar, la sal, la pimienta negra y la salsa Perrins. Una vez sazonado, lo dejamos un par de minutos, lo pasamos a través del pasapurés y lo reservamos.

EL ALIOLI ESPUMOSO

5 dientes de ajo blanqueados 3 veces partiendo
  de agua fría
1 diente de ajo crudo sin el germen interno
9 g de sal
45 g de yema de huevo pasteurizada
125 g de huevo pasteurizado
600 ml de aceite de oliva suave
150 ml de aceite de girasol
1 g de agar-agar
50 ml de leche entera

Trituramos en el robot de cocina el huevo, la yema,
los ajos y la sal hasta obtener una crema. Añadimos
el aceite y trabajamos la mezcla hasta formar una
emulsión. Agregamos el agar-agar previamente disuelto en la leche (los mezclamos en frío y hacemos
hervir la leche por espacio de 1 minuto a temperatura suave; la dejamos enfriar un poco antes de
incorporarla al robot de cocina). Probamos la sazón
y pasamos la preparación por un colador fino. La introducimos en un sifón para espumas con 2 cargas
de gas y la reservamos en la nevera.

EL ACEITE PICANTE

120 ml de aceite de oliva suave
2,4 g de pimienta de cayena
2,4 g de pimienta negra en grano
1,5 g de pimentón de La Vera dulce
0,7 g de pimentón de La Vera picante

Trituramos todos los ingredientes y envasamos el
líquido en una bolsa de cocción. La sumergimos
en un baño de agua a temperatura controlada a
65 °C durante 24 horas. Dejamos enfriar el aceite
y lo reservamos. Esta operación la podemos hacer
sin cocción, dejando marinar los ingredientes en
un recipiente hermético o bolsa de vacío durante
varios días.

OTROS

aceite de girasol
sal

MONTAJE

Colocamos el sifón con el alioli espumoso en un
baño de agua a 55 °C durante 30 minutos antes de
terminar la receta. Calentamos aceite de girasol a
180 °C y freímos las patatas hasta que estén doradas por fuera y muy tiernas por dentro. Terminada la
fritura, escurrimos bien las patatas, las colocamos
sobre un papel de cocina absorbente para retirar el
exceso de grasa y las sazonamos con un poco de
sal. Disponemos las patatas en la base del plato
como si fueran los pétalos de una flor, ponemos una
buena cucharada de salsa brava templada en forma
de círculo en el centro y, encima, el alioli espumoso. Terminamos el montaje con un hilo de aceite
picante.

Hot dog de anguila con mayonesa unagi tare, kétchup kimchi y ensalada de cebollas con hojas frescas y picantes

LAS ANGUILAS

anguilas del Ebro de buen tamaño

Cortamos las cabezas de las anguilas y dejamos desangrar cuerpos y cabezas 20 minutos en un baño abundante de agua. Sacamos los lomos con un cuchillo afilado y los reservamos en la nevera hasta terminar de cocinar la salsa de anguila. Guardamos las espinas y cabezas para la salsa.

LA UNAGI TARE

500 g de cabezas y espinas de anguila
   (elaboración anterior)
500 ml de salsa de soja
500 ml de agua mineral
250 g de azúcar

Juntamos todos los ingredientes en un cazo amplio y los dejamos cocer suavemente unas 2 horas hasta obtener una salsa densa y gelatinosa y con mucho sabor a anguila. Pasamos la salsa por un colador y la reservamos.

COCER Y ASAR LAS ANGUILAS

lomos de anguila (elaboración anterior)
salsa de anguila (elaboración anterior)

Envasamos los lomos de anguila en bolsas de vacío para cocción con un par de cucharadas de salsa de anguila o unagi tare. Cerramos la bolsa y la escaldamos en agua hirviendo durante 3 minutos para luego enfriarla en un baño helado. Después, cocemos las bolsas en un baño de agua a una temperatura controlada de 64 °C durante una hora y media. Transcurrido este tiempo, sacamos los lomos de las bolsas y los cortamos en segmentos de 15 cm. Los asamos en una brasa de carbón de encina, pincelando continuamente con la salsa de anguila. Cuando tengamos las piezas asadas, con una fina capa de salsa caramelizada de anguila, las servimos sin demora.

EL ACEITE DE ANGUILA AHUMADA

200 g de anguila ahumada (pieles, espinas
   y cabezas)
200 g de aceite de girasol

Envasamos las diferentes partes que normalmente desechamos de la anguila ahumada entera en bolsas de vacío para cocción junto con el aceite de girasol. Cerramos la bolsa y la escaldamos en agua hirviendo durante 3 minutos. Después, la enfriamos en un baño helado. Cocemos las bolsas en un baño de agua a una temperatura controlada de 90 °C durante 12 horas. Dejamos marinar el aceite en la nevera hasta su utilización. Antes de utilizarlo, lo pasamos por un colador fino.

LA MAYONESA DE UNAGUI TARE

1 huevo mediano o 2 yemas de huevo
  a temperatura ambiente
3 ml de vinagre de arroz
160 ml aproximadamente de aceite de girasol
salsa de unagi tare (elaboración anterior)

Cascamos en un bol aparte el huevo y, una vez que hayamos comprobado que no contiene nada de cáscara, lo pasamos a un recipiente alto y estrecho (como el vaso de la batidora) completamente limpio y seco. Añadimos el vinagre y un poco de aceite (20 ml o una cucharada). Introducimos el brazo de la batidora hasta el fondo y batimos todo junto durante un par de minutos hasta que se amalgame la mezcla. Vamos vertiendo poco a poco el resto del aceite en un hilo fino mientras seguimos batiendo, más rápido a medida que espese la salsa. Cuando tenga el espesor deseado, probamos el gusto y rectificamos con 30 o 50 ml de salsa de anguila hasta que el sabor a anguila sea perceptible y no perdamos la textura de la mayonesa.

EL KÉTCHUP DE KIMCHI

300 g de tomates cherry Divino
45 g de azúcar glas
15 ml de aceite de anguila ahumada (elaboración anterior)
30 ml de salsa inglesa tipo Perrins
1 ml de tabasco
20 g de base para kimchi
90 ml de vinagre de arroz
1 g de goma xantana

Escaldamos los tomates unos segundos y los pelamos. En un bol aliñamos los tomates con un poco de aceite y la mitad del azúcar glas. Los estiramos en una fuente de horno y los cocemos a 115 °C durante 45 minutos. Les damos la vuelta con cuidado y los cocinamos 35 minutos más hasta que estén ligeramente pasificados y tengan un sabor concentrado. Trituramos los tomates con el resto de ingredientes hasta lograr una textura parecida al kétchup. Lo colamos y reservamos en un biberón para salsas.

PAN FRITO COMO UN *HOT DOG*

420 g de huevo entero fresco
1.130 g de harina
200 ml de leche
100 g de azúcar
50 g de levadura
350 g de mantequilla pomada
20 g de sal
aceite de cacahuete

Trabajamos todos los ingredientes en un robot de pastelería con pala de amasar hasta conseguir una masa fina. La dejamos reposar tapada en la nevera durante 12 horas. Hacemos bolas de 40 g de masa, les damos forma de *hot dog* y las dejamos fermentar ½ hora a 40 °C sobre unas bandejas de horno ligeramente pinceladas con mantequilla. A continuación, cocemos los *hot dogs* al vapor durante 15 minutos. Reservamos los panecillos cocidos en un recipiente hermético y, justo antes de servir, los freímos en un aceite de cacahuete a 180 °C hasta que estén bien dorados y calientes por dentro.

LA ENSALADA DE CEBOLLAS Y HOJAS

brotes de mitzuna
brotes de rábano picante
1 cebolla roja
vinagre de arroz
sal
aceite de oliva

Pelamos una cebolla y la cortamos por la mitad, después en juliana muy fina y la cubrimos con vinagre de arroz unos 10 minutos para encurtirla, pero sin que pierda mucha textura. Colamos bien la cebolla encurtida y la mezclamos con el doble de brotes de mitzuna y rábano picante. Aderezamos con un poco de sal y un poco de buen aceite de oliva, combinamos bien y servimos sin demora.

MONTAJE

Abrimos los panes fritos calientes por la mitad con un cuchillo de sierra. Colocamos un lomo de anguila ahumada en el centro de cada panecillo, recién salseado con salsa de anguila. Aliñamos con la mayonesa de unagi y, encima de esta, con un hilo de kétchup kimchi. Terminamos con la pequeña ensalada de cebolla y hojas cubriendo el conjunto.

Fritura de cazón con mayonesa espumosa de adobo

EL ADOBO

20 g de ajo fresco
5 g de hojas de perejil
1 cucharada de orégano seco
3 g de comino en polvo
3 g de pimentón de La Vera dulce
4 g de pimienta negra
150 g de ñoras
50 ml de zumo de limón
12 g de base para kimchi
50 ml de vinagre de Jerez

Hidratamos las ñoras en agua fría durante 30 minutos y les retiramos las semillas. Trituramos todos los ingredientes en un robot de cocina hasta obtener una pasta. Pasamos la pasta por un colador y reservamos este adobo. Reservamos también el resto que haya quedado en el colador.

EL POLVO DE ADOBO

Estiramos la pasta sobrante de colar el adobo con la ayuda de un rodillo de cocina entre papeles sulfurizados, de modo que quede una lámina fina. Ponemos la lámina en un armario caliente hasta que esté bien seca. La retiramos de los papeles y la trituramos hasta obtener un polvo. Reservamos el polvo en un recipiente hermético.

LA ESPUMA DE ADOBO

5 dientes de ajo blanqueados 3 veces partiendo de agua fría
1 diente de ajo crudo sin el germen interno
170 g de adobo (elaboración anterior)
9 g de sal
45 g de yema de huevo pasteurizada
125 g de huevo pasteurizado
600 ml de aceite de oliva suave
150 ml de aceite de girasol
1 g de agar-agar
50 ml de leche entera

Trituramos en un robot de cocina el huevo, la yema, los ajos y la sal hasta obtener una crema. Añadimos el aceite y trabajamos la mezcla hasta formar una emulsión. Agregamos el adobo y el agar-agar previamente disuelto en la leche (lo incorporamos a la leche fría y lo hervimos durante 1 minuto a temperatura suave; dejar enfriar un poco la leche antes de agregarla al robot de cocina). Probamos la sazón y pasamos la preparación por un colador fino. La introducimos en un sifón para espumas con 2 cargas de gas y lo guardamos en la nevera.

EL PESCADO FRITO

1 lomo de cazón de 800 g
adobo (elaboración anterior)

Cortamos los lomos en dados regulares de 15 g. Adobamos los dados de cazón con 170 g de adobo por kilo de pescado. Los dejamos marinar un mínimo de 30 minutos antes de terminar la receta.

OTROS

huevo entero pasteurizado
harina para fritura
aceite de girasol para freír
hojitas de mostaza

MONTAJE

Pasamos el cazón adobado por huevo y harina y lo freímos en un baño de aceite a entre 180 y 200 °C hasta que esté dorado y crujiente pero jugoso por dentro. Colocamos las raciones de cazón en platos de forma circular dejando el centro vacío. Rellenamos ese vacío con la espuma de adobo previamente atemperada en un baño de agua a 50 °C durante 30 minutos. Espolvoreamos un poco de polvo de adobo por todo el plato y decoramos el conjunto con hojitas de mostaza.

Huevo de pollita con espuma de queso, migas a la mantequilla, cortezas de parmesano y trufas

LOS HUEVOS DE POLLITA A BAJA TEMPERATURA

8 huevos camperos XL

Cocemos los huevos en un baño de agua a una temperatura controlada de 64 °C durante 38 minutos. Terminada la cocción, abrimos los huevos y los colocamos en una espumadera para poder retirar las partes sobrantes.

LAS MIGAS A LA MANTEQUILLA

200 g de pan blanco congelado, por ejemplo, una minibaguette
120 g de mantequilla

Cortamos el pan en dados de 3 x 3 cm y lo trituramos en un robot de cocina, sin que quede demasiado fino, entre 8 y 10 segundos. Trabajamos las migas resultantes en una sartén con la mantequilla previamente derretida y vamos moviendo energéticamente a fuego medio-alto hasta obtener un color dorado. Retiramos las migas del fuego, las escurrimos durante 1 hora con la ayuda de un colador y las pasamos a un recipiente con abundante papel de cocina. Repetimos este procedimiento hasta 3 veces con el objetivo de retirar el exceso de grasa de la elaboración.

LA ESPUMA DE QUESO

60 g de harina
65 g de mantequilla
500 ml de leche
250 g de queso grana padano
500 ml de nata
sal

Elaboramos una bechamel con la mantequilla, la harina y la leche caliente y reservamos. Rallamos el queso y lo añadimos a la nata, lo llevamos a ebullición moviendo constantemente con la ayuda de una varilla hasta que el queso se haya derretido completamente. Lo combinamos con la bechamel. Ponemos a punto de sal y pasamos por un colador chino. Cargamos un sifón para espumas con la elaboración final, introducimos 2 cargas de gas y reservamos en un baño caliente.

LAS CORTEZAS DE PARMESANO

100 g de queso parmesano
200 ml de agua mineral
aceite de girasol

Vertemos el agua y el queso en un cazo mediano. Los llevamos a ebullición y lo dejamos reposar 2 minutos moviendo constantemente para que no se pegue el queso al cazo. Lo colamos y nos quedará una pasta moldeable y de textura gomosa. La extendemos en un tapete de silicona de modo que quede lo más fina y larga posible. Después, hacemos cortes superficiales del tamaño deseado y los ponemos a secar en la deshidratadora 8 horas a 75 °C. Pasado este tiempo, freímos los cortes en aceite de girasol entre 175-185 °C un par de segundos hasta que sufleen y adquieran una textura similar a una corteza.

MONTAJE

Disponemos un par de cucharadas de migas de mantequilla. Sobre estas añadimos nuestro huevo a baja temperatura, agregamos espuma hasta cubrir todo el huevo y acabamos con el crujiente de corteza de parmesano encima.

Arroz fino a la japonesa con unagi y citronela

LAS ANGUILAS

anguilas del Ebro de buen tamaño

Cortaremos la cabeza de las anguilas y dejamos desangrar cuerpos y cabezas en un baño abundante de agua 20 minutos. Sacamos los lomos con un cuchillo afilado y los reservamos en la nevera hasta terminar de cocinar la salsa de anguila. Guardamos las espinas y las cabezas para la salsa.

LA BASE DE CHALOTA POCHADA

1 kg de chalota

Pelamos la chalota y la cortamos en brunoise. La dejamos pochar en una sartén a fuego medio, removiendo constantemente hasta que quede caramelizada. Dejamos escurrir en un colador chino y reservamos.

EL FONDO DEL ARROZ

2 kg de huesos, carcasas y recortes de pollo
2 cebollas medianas
5 ajos
2 zanahorias
2 tomates maduros
la parte blanca de 2 puerros
1 ramita de apio
1 bulbo de hinojo
200 ml de vino blanco
200 ml de vino de Oporto
5 l de agua mineral
sal y pimienta
salsa de anguila
tinta de calamar

Asamos los recortes y carcasas de pollo en una cazuela hasta que tomen un bonito color tostado. Añadimos las verduras limpias y cortadas en tamaños regulares, primero los ajos, luego las zanahorias y, por último, las cebollas. Cuando las verduras estén doradas, agregamos el puerro, el apio y el bulbo de hinojo. Dejamos cocer a fuego vivo y terminamos incorporando los tomates. Asadas las verduras, desglasamos con los licores y mojamos hasta cubrir bien con el agua. Cocemos a fuego suave de 4 a 6 horas. Terminada la cocción, filtramos el jugo y por cada 2 litros de caldo añadimos 45 ml de salsa de anguila y 7 ml de tinta de calamar. Damos un ligero hervor de nuevo y lo tenemos listo para cocer el arroz.

LA SALSA DE ANGUILA

500 g de cabezas y espinas de anguila
500 ml de salsa de soja
500 ml de agua mineral
250 g de azúcar

Juntamos todos los ingredientes en un cazo amplio y los dejamos cocer suavemente unas 2 horas hasta obtener una salsa densa y gelatinosa y con mucho sabor a anguila. Pasamos la salsa por un colador y la reservamos.

COCER Y ASAR LAS ANGUILAS

lomos de anguila
salsa de anguila (elaboración anterior)

Envasamos los lomos en bolsas de vacío para cocción con un par de cucharadas de salsa de anguila. Cerramos la bolsa y la escaldamos en agua hirviendo durante 3 minutos para luego enfriarla en un baño helado. Después, cocemos las bolsas en un baño de agua a una temperatura controlada de 64 °C durante una hora y media.

Transcurrido este tiempo, sacamos los lomos de las bolsas y los cortamos en segmentos de 2,5 cm. Los asamos en una brasa de carbón de encina, pincelando continuamente con la salsa de anguila. Cuando tengamos las piezas asadas, con una fina capa de salsa caramelizada de anguila, las servimos sobre el arroz sin demora.

EL ACEITE DE ANGUILA AHUMADA

200 g de anguila ahumada (pieles, espinas
  y cabezas)
200 ml de aceite de girasol

Envasamos las diferentes partes que normalmente desechamos de la anguila ahumada en bolsas de vacío para cocción con el aceite de girasol. Cerramos las bolsas y las escaldamos en agua hirviendo durante 3 minutos. Después, las enfriamos en un baño helado. Cocemos las bolsas en un baño de agua a una temperatura controlada a 90 °C durante 12 horas. Dejamos marinar el aceite en la nevera hasta su utilización. Antes de utilizarlo, lo pasamos por un colador fino.

EL ALIOLI DE ANGUILA AHUMADA

1 yema de huevo
250 ml de aceite de anguila ahumada
  (elaboración anterior)
1 ajo
una pizca de sal

Retiramos el germen del ajo y lo trabajamos en un mortero con un poco de sal. Añadimos la yema y seguimos trabajando con suaves movimientos circulares. Empezamos a agregar pequeñas cantidades de aceite y, a medida que se vaya emulsionando, vertemos un poco más a hilo fino. Al final tenemos que obtener una emulsión firme con un suave sabor a ajo y un delicado sabor a anguila ahumada.

COCCIÓN Y FINALIZACIÓN DEL ARROZ

200 g de arroz bomba
500 ml de fondo de arroz (elaboración anterior)
25 g chalota pochada (elaboración anterior)
100 ml de vino blanco
dados de anguila asada (elaboración anterior)
alioli de anguila (elaboración anterior)
cebollino picado muy fino
aceite
salsa de anguila (elaboración anterior)

Marcamos el arroz en una paellera para dos personas con un par de cucharadas de aceite y la chalota. Trabajamos a fuego medio-alto, añadimos el arroz y nacaramos bien removiendo constantemente. Incorporamos un vasito de vino blanco y, cuando se evapore, añadimos el caldo de cocción bien caliente. Dejamos cocer de 4 a 6 minutos en el fuego y terminamos de unos 12 a 14 minutos en el horno a 220 ºC. Una vez seco, colocamos sobre el arroz los dados de anguila glaseados con salsa de anguila y unos puntos de alioli. Terminamos con un poco de cebollino bien picado.

Green steak de vaca madurada con velo de mostaza, manzana y mantequilla ahumada

LA SALSA DE CÓCTEL

2 yemas de huevo
de 5 a 10 gotas de tabasco
de 5 a 10 gotas salsa de Perrins
10 ml de aceite
sal y pimienta

Colocamos las yemas en una bolsa de vacío con el resto de ingredientes, cerramos al vacío y cocemos en un baño de agua a una temperatura controlada a 60 °C durante 10 minutos.

EL STEAK TARTAR

100 g de solomillo de ternera madurada limpio
15 g de chalota limpia y pelada
10 g de pepinillos
5 g de alcaparras
salsa de cóctel (elaboración anterior)
sal y pimienta

Picamos las chalotas y los ingredientes encurtidos y avinagrados por separado muy finos y de manera homogénea. Cortamos el solomillo en láminas de 2 mm, luego en tiras del mismo grosor y, finalmente, en daditos de 2 mm de forma uniforme. Mezclamos todos los picados y aliñamos con la salsa de cóctel. Rectificamos de sal, pimienta y salsas y terminamos el plato sin demora.

EL VELO DE MOSTAZA Y MANTEQUILLA AHUMADA

100 g de mantequilla pomada
2 cucharadas de mostaza a las finas hierbas

Ahumamos la mantequilla pomada con chips de haya 2 veces dentro de un bol tapado con film transparente y con la ayuda de una pipa de ahumar. Añadimos la mostaza a las finas hierbas y trabajamos hasta que todo quede bien integrado y de un color verde delicado. Reservamos a temperatura ambiente. Estiramos uniformemente la mantequilla con la ayuda de una espátula de pastelería en moldes de silicona de un grosor de 2 mm aproximadamente y los ponemos en la nevera. Cuando la mantequilla tenga una consistencia que se pueda cortar, la cortamos del tamaño que cubra nuestro de steak tartar y reservamos las láminas en el congelador poniendo papel sulfurizado entre lámina y lámina para que no se peguen unas con otras. Esta operación se puede realizar de manera más ágil e inmediata utilizando una Teppan Nitro y laminando al momento con la ayuda de una espatulina.

LAS MIGAS DE PAN

200 g de pan blanco precocido y congelado
100 g de mantequilla fresca
sal y pimienta

Trituramos el pan congelado y cortado en dados en un robot de cocina hasta obtener migas. En una sartén combinamos las migas con la mantequilla y dejamos cocer a temperatura media hasta que las migas se doren perfectamente. Rectificamos de sal y pimienta y pasamos por un colador y después por papel absorbente para retirar toda la grasa sobrante. Dejamos enfriar y reservamos en un recipiente hermético.

EL SORBETE DE MANZANA Y MOSTAZA

500 g de manzana Granny Smith
15 ml de zumo de limón
120 ml de almíbar (hecho con partes iguales
 de agua y azúcar)
35 g de mostaza verde a las finas hierbas
60 ml de agua
5 g de estabilizante para sorbetes
de 0,5 a 1 g de ácido ascórbico

Una vez pelada y descorazonada la manzana, la cortamos en trozos regulares y la colocamos en agua con una pizca de ácido ascórbico. Disolvemos el estabilizante calentando el agua a unos 43 °C.

Mezclamos todos los ingredientes en un robot de cocina y trituramos hasta obtener una crema fina. Pasamos rápidamente el sorbete por la máquina de helados para evitar que se oxide y lo reservamos a -18 °C hasta el servicio.

OTROS

brotes jóvenes de capuchina, mostaza y mitzuna
Tajín®
pane carasau

MONTAJE

Colocamos el steak en un molde de acero de 10 x 4 cm y unos 3 cm de altura, rellenamos con una primera capa hasta un cuarto del molde y repartimos por la superficie del steak media cucharada sopera de migas de pan crujiente. Repetimos la operación dos veces hasta llenar el molde. Lo emplatamos en un plato llano. Encima disponemos el velo de mantequilla al cual pasamos el soplete superficialmente para que cubra bien el lingote de carne sin descongelar. Añadimos unos brotes, un hilo de aceite de oliva y acompañaremos con una *quenelle* de nuestro sorbete de manzana por persona con una pizca de Tajín®. Por último, decoramos con unas láminas de *pane carasau* bien crujientes.

Alitas adobadas y fritas con panipuri de curry, sofrito picante y adobo espumoso

LAS ALITAS ADOBADAS

4 alitas de pollo de buen tamaño por ración
50 ml de aceite de oliva
0,5 g de pimienta negra
1 g de pimentón de La Vera
0,5 g de ajo en polvo
1 g de hierbas provenzales
2 g de sal
5 g de pasta de base para kimchi

Limpiamos las alitas y las soasamos con la ayuda de un soplete para retirar posibles restos de plumas. Cortamos las alitas desechando las puntas y reservando la segunda y tercera falange. Mezclamos el resto de ingredientes para formar un adobo y añadimos las alitas. Combinamos todo para que las alitas se impregnen bien y las introducimos en una bolsa de vacío para cocción. Las cocinamos en un baño de agua a una temperatura controlada de 64 °C durante 2 horas y media. Terminada la cocción, dejamos que las alitas atemperen fuera de la nevera y las conservaremos en frío.

LA ESPUMA DE CURRY ROJO

350 ml de agua mineral
1 l de leche de coco
225 g de chalota picada fina
12 g de hojas de lima kaffir
20 g de ajo pelado sin brote
20 g de jengibre pelado y rallado
60 g de citronela picada
250 g de tomate concentrado
200 ml de vino blanco
10 g de pasta de curry rojo
5 g de pasta de curry verde
2 g de curry en polvo
1 g de comino en polvo
50 g de proespuma

Pochamos primero el ajo y la chalota con un poco de aceite hasta que el conjunto esté pochado. Luego añadimos el jengibre y la citronela y sofreímos suavemente un par de minutos más. Agregamos el curry, el comino y las dos pastas de curry, sofreímos un par de minutos y desglasamos con el vino blanco. Incorporamos el tomate concentrado y guisamos todo un poco. Añadimos la leche de coco, el agua, la hoja de lima y lo dejamos hervir a fuego medio hasta que espese. Trituramos todo y colamos la mezcla. Debemos obtener 1 litro de crema de curry suave pero untuosa. Una vez fría, echamos la proespuma y trituramos bien con un túrmix. Lo pasamos a un sifón de espumas con 2 cargas y dejamos reposar un par de horas antes de servir.

LA ESPUMA DE SOFRITO PICANTE

1,2 kg de tomates cherry Divino
7 g de albahaca fresca
1 g de orégano seco
5 g de pasta de curry rojo
80 g de soja fermentada
30 ml de salsa de base para kimchi
10 g de sal
300 ml de agua de kombu
140 g de proespuma Sosa
aceite y sal
pimienta

Escaldamos los tomates unos segundos y los pelamos. En un bol aliñamos los tomates con un poco de aceite, sal y pimienta. Estiramos los tomates en una fuente de horno y los cocemos a 115 °C durante 45 minutos. Les damos la vuelta con cuidado y los cocinamos 35 minutos más hasta que estén ligeramente pasificados y tengan un sabor concentrado. Pesamos 1 kg de tomates y los combinamos con el resto de ingredientes en un robot de cocina. Trabajamos a velocidad máxima hasta formar una crema fina. Llenamos un sifón de litro y cargamos 2 unidades de gas. Dejamos reposar la espuma una hora en la nevera antes de su uso.

LA ESPUMA DE ADOBO

Para la espuma

15 g de ajo fresco para el sofrito
2 g de hojas de perejil
½ cucharada de orégano seco
1,5 g de comino en polvo
2 g de pimentón de La Vera dulce
2 g de pimienta negra
75 g de ñoras
25 ml de zumo de limón
6 g de base para kimchi
25 ml de vinagre de Jerez
9 g de sal

Para la emulsión

45 g de yema de huevo pasteurizada
125 g de huevo pasteurizado
600 ml de aceite de oliva suave
150 ml de aceite de girasol
50 ml de leche entera
1 g de agar-agar

Hidratamos las ñoras en agua fría durante 30 minutos y retiramos las semillas. Trituramos todos los ingredientes, menos los utilizados para la emulsión, en un robot de cocina hasta obtener una pasta fina. La pasamos por un colador. En el robot de cocina trituramos a velocidad suave el huevo y la yema, añadimos el aceite y trabajamos hasta formar una emulsión. Agregamos el adobo y el agar-agar previamente disuelto en la leche (mezclamos en frío y llevamos a ebullición por espacio de 1 minuto a temperatura suave; lo dejamos enfriar un poco antes de incorporarlo al robot de cocina). Probamos la sazón y pasamos por un colador fino. Introducimos la mezcla en un sifón para espumas con 2 cargas de gas y lo reservamos en la nevera.

LOS PANIPURI RELLENOS

discos de panipuri para freír
las tres espumas (elaboraciones anteriores)
aceite de oliva suave

Freímos los discos de panipuri en abundante aceite de oliva a 180 °C hasta que se hinchen totalmente y queden bien crujientes. Los escurrimos con papel absorbente y realizamos un pequeño agujero con la ayuda de una brocheta para poder rellenarlos. Colocamos una punta de aguja de 3 mm en los tres sifones con las diferentes espumas y rellenamos por persona 1 esfera con cada una de las salsas. Servimos rápidamente para aprovechar el calor de la fritura y que no se humedezcan.

polvo de tomate deshidratado
aceite de girasol para fritura

MONTAJE

Sacamos las alitas de la bolsa de cocción y las colamos bien para retirar el exceso de adobo. Las freímos en un aceite de girasol a 180 °C unos 5 minutos como máximo o hasta que estén bien doradas por fuera y muy jugosas por dentro. Escurrimos el aceite sobrante con papel absorbente y disponemos las alitas de forma elegante en un plato. Las acompañamos con 3 esferas de panipuri con las diferentes espumas, espolvoreadas con polvo de tomate seco.

Brocheta de lágrima ibérica a la parrilla con *focaccia* de finas hierbas y crema de ajos compotados a la vainilla

LA COCCIÓN DE LA LÁGRIMA IBÉRICA

700 g de lágrima ibérica de bellota
  (carne entre costillas)
500 g de sal
250 g de azúcar
20 g de pimentón dulce
romero, ajo y tomillo

Hacemos una marinada con el azúcar, la sal y el pimentón. Dejamos marinar nuestra lágrima durante 2 horas y media. Pasado este tiempo lavamos, secamos y la envasamos en una bolsa de vacío junto con una ramita de tomillo, otra de romero y un ajo. Envasamos al 100 % de vacío y la dejamos cocer en un baño de agua a una temperatura controlada de 64 °C durante 24 horas. Terminada la cocción, antes de servir en el plato, abrimos la bolsa, retiramos los jugos de la cocción y reservamos la carne. Cortamos en trozos de 4 cm aproximadamente.

GLASEADO DE CERDO IBÉRICO

2 kg de espinazo y recortes de cerdo ibérico
2 cebollas medianas
5 ajos
2 zanahorias
2 tomates maduros
la parte blanca de 2 puerros
1 ramita de apio
1 bulbo de hinojo
200 ml de vino blanco
200 ml de vino de Oporto
5 l de agua mineral
mantequilla
sal y pimienta

Asamos los huesos y recortes en una cazuela hasta que tomen un bonito color tostado. Añadimos las verduras limpias y cortadas en tamaños regulares, primero los ajos, luego las zanahorias y, por último, las cebollas. Cuando las verduras estén doradas, agregamos el puerro, el apio y el bulbo de hinojo. Dejamos cocer a fuego vivo y terminamos incorporando los tomates. Asadas las verduras, desglasamos con los licores y mojamos hasta cubrir bien con el agua. Cocemos a fuego suave de 4 a 6 horas. Terminada la cocción, filtramos y reducimos con un poco de mantequilla hasta obtener una salsa muy densa, untuosa y brillante.

ACEITE A LAS FINAS HIERBAS

1 l de aceite de oliva
1 manojo de cebollino
1 manojo de perejil
1 manojo de albahaca fresca
1 l de agua
agua y hielo

Llevamos a ebullición el agua en un cazo mediano. Mientras, deshojamos la albahaca y el perejil e introducimos las hojas junto al cebollino en el agua hirviendo durante 1 minuto. Quitamos del fuego rápidamente. Las ponemos en el agua con hielo, escurrimos y damos un par de cortes para que la cuchilla del robot de cocina no se obstruya. Pasamos las hierbas ya cortadas y escurridas con el aceite de oliva al vaso del robot, subimos la temperatura a 85 °C y dejamos trabajar a velocidad máxima durante 6-8 minutos. A continuación, colamos nuestro aceite de hierbas por una estameña o un paño fino, para evitar todas las impurezas. Una vez libre de impurezas, enfriamos a temperatura ambiente y guardamos el aceite en biberones.

FOCACCIA DE HIERBAS

500 g de harina de fuerza
500 g de semolina
400 g de puré de patata
550 ml de agua mineral
100 ml de aceite de oliva virgen extra
12 g de azúcar
30 g de sal

30 g de levadura fresca
romero
tomillo
sal en escamas
aceite de oliva
aceite de hierbas (elaboración anterior)

Mezclamos en la amasadora con el accesorio del gancho la harina junto con la semolina, el azúcar y las hierbas. Añadimos el agua a hilo a 30 °C junto con la levadura disuelta, seguida del aceite de oliva virgen extra y, ya por último, la sal. Dejamos fermentar la masa 2 horas en bloque en la nevera. Luego, la pasamos a un molde de cocción rectangular con la base pincelada con aceite de oliva y dejamos fermentar de nuevo. Esta segunda fermentación será a 35 °C durante 40 minutos con un 75 % de humedad. A continuación, hacemos unos agujeros con los dedos humedecidos en aceite y seguimos fermentando otros 20 minutos más aproximadamente. Acabamos con aceite de hierbas y sal en escamas, horneamos a 200 °C con un 30 % de humedad durante 12 minutos. Dejamos enfriar el pan y lo cortamos en rebanadas de un par de centímetros.

CREMA DE AJOS COMPOTADOS A LA VAINILLA

6 cabezas de ajos morados
100 g de mantequilla
50 ml de agua
2 vainas de vainilla Bourbon
sal

Quitamos la primera capa de piel a las cabezas de ajos y hacemos un corte en la parte superior, a un centímetro partiendo de la parte más alta. Colocamos los ajos en una fuente de asar con el corte hacia arriba. Cortamos la mantequilla en láminas finas y cubrimos los ajos. Asamos en el horno a 160 °C durante 25 minutos. Mientras se cocinan, abrimos las vainas de vainilla con la ayuda de un pequeño cuchillo afilado y raspamos el interior para retirar las semillas. Damos la vuelta a los ajos, repartimos las semillas de vainilla por encima y colocamos las vainas raspadas en el fondo de la fuente para aromatizar la mantequilla. Seguimos cociendo las cabezas 25 minutos más. Transcurrido este tiempo, sacamos los ajos del horno y presionamos las cabezas en caliente para extraer la pulpa guisada. La trituramos con el agua, la mantequilla del fondo de la fuente colada y una pizca de sal. El porcentaje de agua puede variar según la densidad deseada para cada receta. Trabajamos hasta obtener una crema fina; si fuera necesario, la pasamos por un colador.

OTROS

brotes de mostaza
flores de cebollino

MONTAJE

Cortamos la *focaccia* en rodajas de 2 cm, las tostamos en la barbacoa (o en el horno a 220 °C durante 5 minutos) con un poco de aceite a las finas hierbas por ambos lados. Pinchamos con una varilla de acero unos 12 trozos de lágrima ibérica (unos 140 g) y los doramos en una parrilla, mientras los vamos pincelando con un poco de glaseado de cerdo. Colocamos la brocheta encima de la *focaccia*, acompañamos con la crema de ajos y terminamos con unos brotes de mostaza y flores de cebollino.

Carrot cake

BIZCOCHO

225 g de harina de media fuerza
200 g de azúcar moreno
50 g de azúcar mascabado
250 g de zanahorias limpias y peladas
150 ml de aceite de girasol
5 huevos o 325 g de huevo entero pasteurizado
5 g de canela en polvo
1,5 g de nuez moscada
2 clavos de olor
1 g de semillas de vainilla
15 g de levadura química
impulsor en polvo

Montamos los huevos en un robot de pastelería con varilla a velocidad media. A mitad del montado añadimos los azúcares hasta obtener un merengue cremoso. Pulverizamos todas las especias hasta obtener un polvo fino, tamizamos la harina y mezclamos con las especias y el impulsor. Trituramos la zanahoria con el aceite de girasol en un robot hasta obtener una crema fina. Una vez montado el merengue, bajamos la velocidad y agregamos con cuidado el puré de zanahoria y, cuando esté bien integrado, la mezcla de harina tamizada poco a poco. Esta operación la podemos realizar en un bol con espátula para trabajar lo mínimo posible la mezcla y no perder aire incorporado. Introducimos la mezcla en un molde para tartas previamente untado con mantequilla o aceite para desmoldar tartas. Cocemos en el horno precalentado a 180 °C durante 40 minutos. Terminada la cocción, paramos el horno y abrimos la puerta. Dejamos atemperar unos 20 minutos y luego enfriamos el bizcocho a temperatura ambiente.

AZÚCAR GLAS DE VAINILLA

200 g de azúcar
1 vaina de vainilla de Tahití

Trituramos el azúcar con la vaina de vainilla picada hasta obtener un polvo de azúcar. Si se calienta durante el proceso, dejamos enfriar la máquina, ya que no queremos que el azúcar se caliente y se pueda apelmazar. Cuando tengamos un azúcar glas o impalpable, lo pasamos por un colador muy fino y reservamos.

FROSTING DE QUESO

300 ml de nata fresca (35 % MG)
250 g de queso crema
150 g de azúcar glas de vainilla (elaboración anterior)

Trabajamos el queso fresco en un robot de pastelería junto con el azúcar glas de vainilla. Cuando la mezcla esté aireada y muy cremosa, la sacamos del robot y la pasamos a un bol amplio. Con la ayuda de una espátula de silicona añadimos la nata acabada de montar. Trabajamos con movimientos envolventes hasta obtener una emulsión lisa y aireada.

HELADO DE «MATÓ»

90 ml de leche de cabra
205 ml de leche de vaca
25 ml de leche en polvo de vaca sin grasa
170 g de dextrosa
128 g de azúcar
9 g de estabilizante para helados
125 g de mató de leche de cabra

Incorporamos todos los ingredientes líquidos en un cazo y damos calor hasta alcanzar los 40 °C. Mezclamos todos los componentes en polvo y los añadimos a los líquidos. Damos calor a la mezcla y la subimos hasta los 83 °C. La pasamos a un robot de cocina con el mató y trituraremos hasta homogeneizar la mezcla. Dejamos que madure un mínimo de 4 horas y pasamos la mezcla por la máquina de helados.

MELAKA DE CHOCOLATE BLANCO

400 ml de nata fresca
200 ml de leche
350 g de chocolate blanco
10 g de azúcar
2 hojas de gelatina de 2 g

Hidratamos las hojas de gelatina en agua helada, fundimos el chocolate en un baño maría hasta que se derrita y alcance de 35 a 40 °C. Mezclamos la leche con el azúcar y calentamos a 50 °C, añadimos la gelatina y la derretimos. En un recipiente para túrmix combinamos el chocolate fundido y la leche con la gelatina y trabajamos la mezcla procurando no añadir aire hasta obtener una crema. Añadimos entonces la nata a temperatura ambiente y trabajamos de nuevo unos segundos hasta obtener una crema lisa. La dejamos cristalizar en un recipiente hermético en la nevera un mínimo de 6 horas.

PAPELES DE ESPECIAS AL CACAO

400 ml de agua
30 g de harina de tapioca
50 g de azúcar
60 g de cacao
1,5 g de canela en polvo
1 g de nuez moscada
1 g de semillas de vainilla
4 hojas de gelatina

Ponemos a hervir el agua, el azúcar y la harina de tapioca durante 2 minutos. Sacamos del fuego e incorporamos la gelatina, las especias y el cacao. Removemos hasta obtener una crema gomosa y homogénea. La dejamos enfriar. Una vez fría, la estiramos en un tapete de silicona para deshidratadora con un grosor de 1 a 2 mm. La dejamos secar 4 horas a 43 °C. Una vez secos, tostamos los papeles resultantes 3 minutos a 180 °C. Conservamos en un recipiente hermético y seco.

MONTAJE

Cortamos una porción de bizcocho de forma triangular y la disponemos sobre dos trazos realizados con la melaka de chocolate blanco. Cubrimos la superficie del bizcocho con puntos de *frosting* con la ayuda de una manga pastelera con una boquilla lisa de 1 centímetro. En el centro del montaje, disponemos una buena cucharada de helado y terminamos decorando con papeles de especias al cacao.

Café a la italiana

ESPUMA DE CAFÉ

400 ml de nata
100 ml de leche entera
75 g de azúcar
7,5 g de café soluble
1 hoja de gelatina (2 g)

Hidratamos la hoja de gelatina en agua helada. Mezclamos el resto de ingredientes en un cazo y lo ponemos a hervir. Cuando hiervan, añadimos la gelatina hidratada. Pasamos la mezcla por un colador fino y llenamos con ella un sifón con 2 cargas de gas. Lo conservamos en la nevera un mínimo de 2 horas.

POSOS DE CAFÉ

100 g de mantequilla
75 g de harina de trigo
125 g de harina de almendra
125 g de azúcar
30 g de cacao en polvo
25 g de café soluble
1 g de sal

Colocamos la mantequilla a temperatura ambiente en un robot de cocina con la pala de amasar. La trabajamos a velocidad media un par de minutos y le agregamos el azúcar, el cacao y el café. Por último, añadimos las harinas tamizadas. Estiramos la masa entre dos papeles de horno dándole un grosor de 3 mm y la ponemos entre dos bandejas de horno. La horneamos a 170 °C durante unos 15 minutos hasta que esté cocida. La retiramos del horno, la dejamos enfriar y la desmenuzamos con cuidado. Reservamos las migas obtenidas en un recipiente hermético.

EL BIZCOCHO A LA VAINILLA

300 g de claras de huevo
300 g de azúcar
180 g de mantequilla
95 g de harina de almendras
135 g harina de trigo
3 g de levadura en polvo
3 g de semillas de vainilla

Empezamos a montar las claras y, cuando estén semimontadas, agregamos el azúcar. Montamos hasta que el merengue esté consistente. Añadimos la mantequilla fundida a 40 °C sin trabajar mucho el merengue, lo justo para que se integre, después las semillas de vainilla y, por último, las harinas mezcladas con la levadura química y tamizadas. Ponemos la masa en un molde rectangular y la cocemos en el horno a 150 °C durante 25 minutos con el 100 % de humedad. Enfriamos el bizcocho y lo cortamos en dados de 1,5 cm.

OTROS

Café liofilizado

PARA SERVIR Y TERMINAR EL POSTRE

Desmontamos una cafetera clásica de 3 partes. En la base de la cafetera ponemos 10 dados de bizcocho a la vainilla. En la parte media, los posos de café y, en la parte de arriba, la espuma de café con un poco de café liofilizado. La cafetera se presenta montada para que el cliente la desmonte y añada los posos y el bizcocho en la parte donde está la espuma, que sirve de recipiente para comer el postre.

Belga Ale

EL HELADO DE CHOCOLATE

500 ml de leche entera
200 g de chocolate (72 % de cacao)
40 g de azúcar invertido
60 g de azúcar
20 g de dextrosa
3 g de estabilizante para helados
15 ml de leche en polvo

Calentamos la leche hasta alcanzar los 35 °C. Añadimos todos los componentes y vamos trabajando sin parar con una varilla hasta alcanzar los 85 °C. Agregamos el chocolate cortado muy fino, sacamos del fuego, lo dejamos reposar 30 segundos y damos un golpe de túrmix. Dejamos madurar el helado 8 horas en la nevera y lo montamos en la sorbetera.

EL BIZCOCHO DE HABAS DEL CACAO TORREFACTAS

720 g de claras de huevo
200 g de azúcar
320 g de mantequilla
720 g de chocolate (72 % de cacao)
400 g de yema de huevo
400 g de chocolate picado fino (72 % de cacao)
56 g de *nibs* de cacao

Montamos un merengue con las claras y el azúcar. Batimos en la máquina la mantequilla pomada y añadimos el chocolate atemperado a 45 °C. Seguimos montando y agregamos las yemas de huevo a temperatura ambiente. Incorporamos esta base el chocolate picado y los *nibs* al merengue. Estiramos la masa en una fuente a 2,5 cm. Horneamos el bizcocho a tiro cerrado 12 minutos.

MANTEQUILLA DE CAFÉ

100 g de mantequilla
1 g de glicerina
50 g de café expreso
10 g de azúcar
0,5 g de sucroéster

Trabajamos la mantequilla hasta que alcance los 60 °C. Luego, le añadimos la glicerina. En un vaso de túrmix trabajamos el café con el azúcar y el sucroéster. Agregamos al mismo vaso la mantequilla con glicerina y trabajamos hasta obtener una textura cremosa. Dejamos que la crema tome cuerpo en la cámara.

ESPONJA DE REGALIZ

170 g de harina de almendra
250 g de claras de huevo
160 g de yemas de huevo
160 g de azúcar
80 g de pasta de regaliz
60 g de harina

Trabajamos todos los ingredientes en un robot de cocina. Los colamos y cargamos en un sifón. Reservamos durante 4 horas en la nevera. Hacemos 3 pequeñas marcas con la ayuda de unas tijeras en el fondo de unos vasos de plástico que aguanten temperatura. Llenamos los vasos hasta el 40 % y los cocemos de uno en uno durante 1 minuto en el microondas a 600 W. Dejamos enfriar el bizcocho y lo sacamos de los vasos. Lo ponemos a secar en un deshidratador a 50 °C hasta que esté bien seco. Lo conservamos en un recipiente hermético.

LA ARENA DE CACAO

500 g de mantequilla
500 g de azúcar moreno
500 g de harina
500 g de harina de almendra
30 g de cacao Sosa por cada 100 de *streusel*

Trabajamos la mantequilla hasta que esté bien pomada y le añadimos el resto de ingredientes sin
trabajar demasiado. Estiramos la mezcla entre dos
tapetes de silicona dándole un grosor de 3 a 5 mm.
La cocemos 10 minutos a 180 °C. Dejamos enfriar la
masa y la aplastamos. La combinamos con el cacao
y reservamos en un recipiente hermético y seco.

Trabajamos para asegurarnos de que todo el chocolate se integre y esperamos a que la temperatura
descienda a los 30 o 35 °C. Añadimos las claras y
cargamos el sifón.

LA GELATINA DE REGALIZ

25 g de pasta de regaliz
75 ml de almíbar TPT
60 ml de agua
0,7 g de agar-agar
1½ hojas de gelatina neutra

Ponemos el agar a hervir con el agua y el almíbar
unos 30 segundos. Añadimos la gelatina neutra hidratada y la pasta de regaliz. Introducimos la mezcla
en un recipiente que nos dé una altura de 0,5 cm.

EL TOFE DE CAFÉ

1 vaina de vainilla
250 g de azúcar
250 ml de nata
10 g de café soluble

Infusionamos la vainilla en la nata. Caramelizamos
el azúcar y, cuando tome un bonito color, añadimos
la nata con vainilla. Al dejar de hervir, agregamos el
café. Dejamos que el tofe atempere y cargamos un
biberón, que reservaremos en frío.

EL *PARFAIT* DE CHOCOLATE

265 g de chocolate negro (72 % de cacao)
300 ml de nata fresca
4,5 hojas de gelatina neutra
100 g de claras de huevo pasteurizadas

Ponemos la nata a hervir y añadimos las hojas de
gelatina remojadas y el chocolate picado muy fino.

OTROS

gelatina de birra
petazetas neutro
Xyauyè de Baladin
Noel Baladin

Torrija helada en texturas

EL TOFE

500 g de azúcar
400 ml de nata (35 % MT)
125 g de mantequilla

Calentamos la nata y reservamos. Hacemos un caramelo con el azúcar y, con la ayuda de un termómetro, vigilamos que llegue a 113 °C. Desgrasamos nuestro caramelo con la nata caliente, que vamos añadiendo muy poco a poco y removiendo constantemente. Retiramos del fuego y añadimos la mantequilla con el brazo triturador.

EL HELADO DE CARAMELO

332 g de azúcar
200 ml de leche
280 g de yema de huevo
10 g de sal
35 g de leche en polvo
340 ml de nata
50 g de azúcar invertido

Con la nata y el azúcar montamos un tofe como en la elaboración anterior, pero esta vez sin la mantequilla, y reservamos. Luego, disolvemos la leche en polvo en la leche líquida, añadimos sal, la yema y el azúcar invertido, lo llevamos todo al fuego y calentamos hasta 80 °C. Retiramos del fuego, mezclamos con el tofe que teníamos reservado y dejamos reposar en la nevera durante 12 horas. Transcurrido este tiempo, pasamos el helado a la mantecadora y lo conservamos en el congelador.

LA ESPUMA DE LECHE

825 ml de leche
190 ml de nata
80 g de azúcar
1 vaina de vainilla

Llevamos a ebullición todos los ingredientes y los dejamos infusionar hasta que enfríen. Colamos para eliminar cualquier impureza, rellenamos un sifón de cocina con 3 cargas de gas y lo mantenemos en un baño maría invertido de agua con hielo.

EL PAN A LA MANTEQUILLA

302 g de harina
6 g de sal
66 g de azúcar
27 g de levadura fresca
46 ml de agua fría
55 g de yema de huevo pasteurizada
60 g de huevo líquido entero pasteurizado
10 g de azúcar invertido
118 g de mantequilla pomada

En el bol de la batidora ponemos la harina y usamos el gancho para masas. Aparte, en un bol pequeño, mezclamos la levadura, la sal, el azúcar y el azúcar invertido. Lo trabajamos hasta que se disuelva, añadimos el agua fría y lo mezclamos hasta que quede todo integrado. Añadimos esta mezcla muy poco a poco a la harina a velocidad mínima. Una vez que la harina haya absorbido todos los ingredientes, vamos agregando muy poco a poco y a la misma velocidad la mezcla de yema y huevo.

Paramos de vez en cuando para remover el fondo del bol de la batidora para que no quede nada de harina. Dejamos trabajar la masa y, cuando se despegue de las paredes, añadimos la mantequilla pomada muy poco a poco y la dejamos trabajar a la misma velocidad. Nuestra masa estará lista cuando esté hidratada, completamente lisa y no se pegue a las manos ni a las paredes del bol de la batidora. Pasamos la masa directamente a un molde apto para horno y la dejamos reposar durante 5 horas. Transcurrido este tiempo, la dejamos fermentar a temperatura ambiente y, cuando tenga el tamaño deseado, pintamos la superficie con una mezcla de yema de huevo y nata a partes iguales con la ayuda de un pincel de silicona. La metemos en el horno ya precalentado a 150 °C durante 35 minutos.

LAS CHIPS DE BRIOCHE Y MIGAS DE PAN

brioche
azúcar glas

Cortamos láminas finas de pan a la mantequilla, las estiramos en un molde de silicona y las metemos en el horno a 160 °C durante 3 minutos. Luego, espolvoreamos con azúcar glas.

Trituramos en el robot de cocina rodajas de nuestro pan a la mantequilla, hasta que tengan el aspecto de migas.

MONTAJE

Pintamos el plato en espiral con el tofe de mantequilla, colocamos migas de pan de mantequilla en medio del plato y encima una *quenelle* grande helado de caramelo, un punto de espuma al lado del helado y 2 rodajas de pan de mantequilla con azúcar glas.

Primera edición: abril de 2022

© 2022, Jordi Cruz
© 2022, Penguin Random House Grupo Editorial, S.A.U.
Travessera de Gràcia, 47-49. 08021 Barcelona

Printed in Spain — Impreso en España

Fotografías del interior: Joan Llenas
Fotografía de la cubierta: Xavier Torres-Bacchetta
Diseño de cubierta e interior: Penguin Random House Grupo Editorial / David Ayuso
Maquetación: Roser Colomer

ISBN: 978-84-18007-76-7
Depósito legal: B-3074-2022

Impreso en Gráficas 94, S.L.
Sant Quirze del Vallès (Barcelona)

DO 0 7 7 6 7

Cuatro casas

Cuatro casas

Cuatro casas

Cuatro casas

Cuatro